INDICATORS OF EDUCATION SYSTEMS

INDICATEURS DES SYSTÈMES D'ENSEIGNEMENT

PREPARED FOR LIFE?

How to Measure Cross-Curricular Competencies

PRÊTS POUR L'AVENIR ?

Comment mesurer les compétences transdisciplinaires

ORGANISATION FOR ECONOMIC CO-OPERATION AND DEVELOPMENT
ORGANISATION DE COOPÉRATION ET DE DÉVELOPPEMENT ÉCONOMIQUES

ORGANISATION DE COOPÉRATION ET DE DÉVELOPPEMENT ÉCONOMIQUES

En vertu de l'article 1er de la Convention signée le 14 décembre 1960, à Paris, et entrée en vigueur le 30 septembre 1961, l'Organisation de Coopération et de Développement Économiques (OCDE) a pour objectif de promouvoir des politiques visant :

- à réaliser la plus forte expansion de l'économie et de l'emploi et une progression du niveau de vie dans les pays Membres, tout en maintenant la stabilité financière, et à contribuer ainsi au développement de l'économie mondiale ;
- à contribuer à une saine expansion économique dans les pays Membres, ainsi que les pays non membres, en voie de développement économique ;
- à contribuer à l'expansion du commerce mondial sur une base multilatérale et non discriminatoire conformément aux obligations internationales.

Les pays Membres originaires de l'OCDE sont : l'Allemagne, l'Autriche, la Belgique, le Canada, le Danemark, l'Espagne, les États-Unis, la France, la Grèce, l'Irlande, l'Islande, l'Italie, le Luxembourg, la Norvège, les Pays-Bas, le Portugal, le Royaume-Uni, la Suède, la Suisse et la Turquie. Les pays suivants sont ultérieurement devenus Membres par adhésion aux dates indiquées ci-après : le Japon (28 avril 1964), la Finlande (28 janvier 1969), l'Australie (7 juin 1971), la Nouvelle-Zélande (29 mai 1973), le Mexique (18 mai 1994), la République tchèque (21 décembre 1995), la Hongrie (7 mai 1996), la Pologne (22 novembre 1996) et la République de Corée (12 décembre 1996). La Commission des Communautés européennes participe aux travaux de l'OCDE (article 13 de la Convention de l'OCDE).

Le Centre pour la Recherche et l'Innovation dans l'Enseignement a été créé par le Conseil de l'Organisation de Coopération et de Développement Économiques en juin 1968 et tous les pays Membres de l'OCDE y participent.

Les principaux objectifs du Centre sont les suivants :

- *encourager et soutenir le développement des activités de recherche se rapportant à l'éducation et entreprendre, le cas échéant, des activités de cette nature ;*
- *encourager et soutenir des expériences pilotes en vue d'introduire des innovations dans l'enseignement et d'en faire l'essai ;*
- *encourager le développement de la coopération entre les pays Membres dans le domaine de la recherche et de l'innovation dans l'enseignement.*

Le Centre exerce son activité au sein de l'Organisation de Coopération et de Développement Économiques conformément aux décisions du Conseil de l'Organisation, sous l'autorité du Secrétaire général et le contrôle direct d'un Comité directeur composé d'experts nationaux dans le domaine de compétence du Centre, chaque pays participant étant représenté par un expert.

ORGANISATION FOR ECONOMIC CO-OPERATION AND DEVELOPMENT

Pursuant to Article 1 of the Convention signed in Paris on 14th December 1960, and which came into force on 30th September 1961, the Organisation for Economic Co-operation and Development (OECD) shall promote policies designed:

- to achieve the highest sustainable economic growth and employment and a rising standard of living in Member countries, while maintaining financial stability, and thus to contribute to the development of the world economy;
- to contribute to sound economic expansion in Member as well as non-member countries in the process of economic development; and
- to contribute to the expansion of world trade on a multilateral, non-discriminatory basis in accordance with international obligations.

The original Member countries of the OECD are Austria, Belgium, Canada, Denmark, France, Germany, Greece, Iceland, Ireland, Italy, Luxembourg, the Netherlands, Norway, Portugal, Spain, Sweden, Switzerland, Turkey, the United Kingdom and the United States. The following countries became Members subsequently through accession at the dates indicated hereafter: Japan (28th April 1964), Finland (28th January 1969), Australia (7th June 1971), New Zealand (29th May 1973), Mexico (18th May 1994), the Czech Republic (21st December 1995), Hungary (7th May 1996), Poland (22nd November 1996) and the Republic of Korea (12th December 1996). The Commission of the European Communities takes part in the work of the OECD (Article 13 of the OECD Convention).

The Centre for Educational Research and Innovation was created in June 1968 by the Council of the Organisation for Economic Co-operation and Development and all Member countries of the OECD are participants.

The main objectives of the Centre are as follows:

- *to promote and support the development of research activities in education and undertake such research activities where appropriate;*
- *to promote and support pilot experiments with a view to introducing and testing innovations in the educational system;*
- *to promote the development of co-operation between Member countries in the field of educational research and innovation.*

The Centre functions within the Organisation for Economic Co-operation and Development in accordance with the decisions of the Council of the Organisation, under the authority of the Secretary-General. It is supervised by a Governing Board composed of one national expert in its field of competence from each of the countries participating in its programme of work.

AVANT-PROPOS

Cette publication traite de l'élaboration de nouveaux indicateurs de compétences transdisciplinaires («Cross-Curricular Competencies» ou CCC). Les travaux ont été menés dans le cadre du projet de l'OCDE sur les indicateurs internationaux des systèmes d'enseignement (projet INES). Les activités de recherche du projet CCC ont débuté en 1993, après une période de préparation d'environ deux ans. Ce rapport présente le compte rendu détaillé de la genèse et de la raison d'être des nouveaux indicateurs et fait état de leurs perspectives de développement et de mise en œuvre. Les responsables du projet INES de l'OCDE ont décidé pour l'instant de poursuivre les travaux conduits dans le domaine en vue d'inclure régulièrement l'information concernant les indicateurs de CCC dans la publication *Regards sur l'éducation – Les indicateurs de l'OCDE.*

L'étude dont il est fait rapport ici est loin d'être fortuite. Établi dans le cadre du projet INES, le Réseau A responsable de la mesure des indicateurs des acquis des élèves et étudiants (et ses prédécesseurs) avait commencé dès 1988 à s'intéresser aux indicateurs de résultats de l'enseignement. Après 1991, il a porté une attention particulière aux débats conceptuels, s'interrogeant sur les types de résultats les plus propices aux comparaisons entre systèmes éducatifs. Les présidents successifs du réseau, Gary Phillips (1991-94) et Eugene Owen (depuis 1994), secondé avec compétence par Jay Moskowitz, ont largement encouragé ces discussions, au cours desquelles deux pistes ont été tracées. Il a été décidé, en premier lieu, d'effectuer le recensement des objectifs éducatifs des systèmes d'enseignement des pays de l'OCDE dans le cadre du projet GOALS (*Goals Orientation and Attainment in Learning Systems* ou Choix des objectifs et leur réalisation dans les systèmes d'enseignement) et, en deuxième lieu, d'étudier la capacité des indicateurs de compétences transdisciplinaires à élargir les indicateurs de lecture, de mathématiques et de sciences existants. Le concept initial de l'étude sur les indicateurs de CCC a été formulé par Uri Peter Trier (Suisse). Les membres du Réseau A ont estimé, dès le départ, que ces deux études étaient d'importance primordiale pour les travaux sur les indicateurs de l'enseignement du projet INES.

Ce rapport a été préparé par Jules L. Peschar, professeur de sociologie de l'éducation et directeur de projet, et Sietske Waslander, coordinatrice de l'étude pilote internationale. L'un et l'autre sont membres du département de sociologie de l'Université de Groningue, aux Pays-Bas. Ils ont reçu l'appui du Secrétariat du projet INES de l'OCDE, composé d'Albert Tuijnman, Andreas Schleicher et Norberto Bottani. Ce rapport est publié sous la responsabilité du Secrétaire général.

FOREWORD

This publication reports on the development of new educational indicators for Cross-Curricular Competencies (CCCs). The work was carried out within the framework of the International Indicators of Education Systems (INES) Project of the OECD. The research activities of the Cross-Curricular Competencies Project started in 1993 after a preparatory stage of about two years. In the report, a detailed account is given of the background and rationale of the new indicators, and prospects are presented for future development and implementation. At present the OECD INES Project has decided to continue developmental work in this area with the aim of including information on CCC indicators regularly in the annual publication *Education at a Glance – OECD Indicators*.

The study reported on here did not just come out of the blue. Within the framework of the INES Project, Network A which is responsible for the measurement of student learning outcomes (and its predecessors) had been focusing on educational outcome indicators since 1988. In particular, much attention had been devoted after 1991 to conceptual discussions: What kind of outcomes are the most appropriate in comparing educational systems? These discussions were largely encouraged by the respective chairpersons of the network: Gary Phillips (1991-94) and Eugene Owen (since 1994), skilfully seconded by Jay Moskowitz. During these discussions, two different developmental tracks were chosen. Firstly, the detailed mapping of educational goals in the OECD education systems became the target of the Goals Orientation and Attainments in Learning Systems (GOALS) Project. Secondly, the study of the potential of CCC indicators to extend existing indicators on reading, mathematics and science was taken up. Uri Peter Trier (Switzerland) provided the initial concept for this study on CCC indicators. From the very beginning, the members of Network A saw these two developmental studies as fundamental to the work on educational indicators in the INES Project.

The report was prepared by Jules L. Peschar, University Professor in the sociology of education and Project Director of the study, and Sietske Waslander, Research Associate and Co-ordinator of the international pilot study. Both are attached to the Department of Sociology at the University of Groningen, the Netherlands. They were supported by the Secretariat of the INES Project at the OECD: Albert Tuijnman, Andreas Schleicher and Norberto Bottani. The report is published on the responsibility of the Secretary-General.

TABLE DES MATIÈRES

TABLE OF CONTENTS

ACKNOWLEDGMENTS/REMERCIEMENTS

During the developmental work of the CCC study, broad support was given by many national authorities and their representatives. They are listed in Appendix 1, p. 87. We owe them many thanks for the skill and attention which they devoted to the project. Professor Judith Torney-Purta (College Park, Maryland, United States) was appointed as external adviser for the domain of Politics, Economics and Civics. Professor Helmut Fend (Zurich, Switzerland) was appointed as external adviser for the domain of Self-Perception/Self-Concept. Mr. Douglas Hodgkinson (Victoria, BC, Canada) and Mr. Eugene Owen (Washington DC, United States), both members of Network A, were advisers for the domains of Problem-Solving and Communication. The advisers suggested items and provided guidance on analysis and presentation of the indicators. Their expertise was of great importance in achieving the goals of the pilot study.

*

* *

De nombreux spécialistes de divers pays et leurs représentants ont apporté leur plein appui à l'étude sur les CCC. Ils sont cités en appendice 1, p. 87. Nous les remercions vivement de l'aide précieuse qu'ils ont apportée au projet. Le professeur Judith Torney-Purta (College Park, Maryland, États-Unis) a été nommée conseillère externe dans le domaine de la politique, de l'économie et de l'instruction civique. Le professeur Helmut Fend (Zurich, Suisse) a été désigné conseiller externe dans le domaine de la perception de soi/image de soi. M. Douglas Hodgkinson (Victoria, Colombie-Britannique, Canada) et M. Eugene Owen (Washington, DC, États-Unis), tous deux membres du Réseau A, ont été conseillers dans les domaines de la résolution de problèmes et de la communication. Les conseillers ont proposé des questions et donné des orientations concernant l'analyse et la présentation des indicateurs. Leur expertise a joué un rôle considérable dans l'atteinte des objectifs de l'étude pilote.

EXECUTIVE SUMMARY

In addition to existing educational indicators on performance and achievement, the need for broader indicators on education has been expressed. Relevant information on the following question is usually lacking: "What do young adults at the end of education need in terms of skills to be able to play a constructive role as citizens in society?". Are basic knowledge and skills essential to live an individually worthy and socially valuable life provided through education? The Cross-Curricular Competencies (CCCs) Project aims to develop indicators for four specific domains: problem-solving and critical thinking; communication skills; political, democratic, economic and social values; self-perception and self-confidence. These so called "survival skills" are integrated into a "basket" of instruments which reflect challenges in the "real-life" situations of young people.

This report presents the findings from an extensive 1994/95 pilot study that was undertaken in nine countries or communities (Austria, French and Flemish Belgium, Hungary, Italy, the Netherlands, Norway, Switzerland and the United States). The study explored the feasibility of this new achievement indicator and the conditions necessary for further development. The report shows that the approach is very worthwhile as it has been demonstrated that indicators in two out of the four domains can be developed meeting scientific standards. The study therefore sketches a wide array of perspectives for the next few years of development.

1

WHY LOOK AT CROSS-CURRICULAR COMPETENCIES?

GENERAL BACKGROUND

At all times and in all places, there have been discussion and controversy about the school curriculum, the aims of education and the ways of achieving them. Whether the many stakeholders in education gain or lose contested terrain much depends on the specific context in which that discussion takes place. At present, two developments of a more general nature are having an impact on education, and are stirring up discussion about the aims of education:

- Firstly, the changing face of western societies and the transformation of labour require future citizens to master different kinds of skills. Education faces the challenge of providing these skills.
- Secondly, popular beliefs about managing complex processes are putting increasing emphasis on accountability, monitoring and evaluation. For these purposes indicators have been introduced in various areas of social policy, one of which is education. Indicators, in particular those measuring output, are thus becoming a powerful management tool of control, guidance and direction.

During the 1980s, the Organisation for Economic Co-operation and Development started a large-scale project to develop International Indicators of Education Systems, called INES (OECD, 1992*b*). As the INES Project progressed, it became apparent that there were disparities between the multiple aims of education and the rather narrow indicators that were used to measure student outcomes. In the early 1990s sufficient support was raised to conduct a feasibility study to find out whether indicators could be developed which would do more justice to the multi-dimensional nature of education.

This report mainly deals with a feasibility study called the CCC Project from its aim of measuring Cross-Curricular Competencies. It starts, however, by considering the wider context of the study by elaborating on the two developments mentioned above. In order to reduce the disparities which they cause, a delicate balance has to be struck between political interests and scientific standards. How this has been done is described subsequently, followed by more practical details on the CCC Project itself.

Demands on future citizens

More than fifteen years ago, McMullen analysed the problems faced by education, summarising that:

> "Recently the 'goal' of education has come to be seen as aiding the full development of individuals, intellectually and physically, so that they can live a satisfactory personal life in, and contribute positively towards, the small social groups they will live with, and the economic, political, and social life of society as a whole" (McMullen, 1978, p. 94).

More than ten years ago, the Council of Europe continued that line of reasoning by concluding that education "has more than ever before, a crucial role to play in forming independent and responsible individuals" (as cited in Edwards *et al.*, 1994, p. 192), and that:

> "Education systems should give all young people the opportunity to acquire essential knowledge, skills and attitudes in the following key areas which are closely interdependent: *i)* Preparation for life in a democratic society (...); *ii)* Preparation for personal life (...); *iii)* Preparation for cultural life (...); *iv)* Preparation for the world of work" (*op. cit.*, p. 193).

In October 1994, at the International Conference on Education (ICE) held in Geneva, top priority was given to "activities in favour of the encouragement of understanding, solidarity and tolerance between people, between ethnic, social and religious groups and between nations" (*Educational Innovation*, December 1994, p. 1). The declaration that was adopted states that:

> "We the Ministers of Education (...) convinced that education should promote knowledge, values, attitudes and skills conducive to respect for human rights and to an active commitment to the defence of such rights and to the building of a culture of peace and democracy (...) strive resolutely:
>
> – to base education on principles and methods that contribute to the development of the personality of pupils, students and adults who are respectful of their fellow human beings and determined to promote peace, human rights and democracy;
>
> – to take suitable steps to establish in educational institutions an atmosphere contributing to the success of education for international understanding, so that they become ideal places for the exercise of tolerance, respect for human rights, the practice of democracy and learning about the diversity and wealth of cultural identities."

These statements indicate that we are dealing with more than just a short-lived upheaval in the social functions of education. Rather, the priority given to social goals seems to be increasing as the years go by.

As part of the INES Project, a survey was recently conducted in twelve OECD countries to gauge public expectations of education (OECD, 1995*d*). The results show that the public at large considers it important for schools to teach their students specific subjects (see Figure 1). Even greater importance is given to qualities such as self-confidence, the skills and knowledge needed to get a job, and the ability to live among people with different backgrounds. Schools are seen as having the job of providing these qualities as well.

Emphasis on these more social purposes of education can be understood as a response to the changing face of western societies and the transformation of work. The social fabric of society is showing cracks as the diversity of cultures, values and preferences increases within countries (Holmes, 1992). At the same time, institutions traditionally keeping things together, such as the family, are struggling for their own survival. Considerable pressure is, again, put on the school to ensure the integration of society.

As society grows more complex and information technology develops at a rapid pace, the nature of work and daily life is changing quite drastically. Dealing with these changes is an important quality in itself, as is making sense of growing quantities of information, and finding solutions for a constant stream of novel problems. As people grow more dependent on the products and services produced by others, skills of communicating and co-operating with others will become essential for individual well-being, and ultimately for survival in the modern world (see also OECD, 1992*a*).

It must be stressed explicitly that the economic purposes of education are not simply opposed to the more social purposes of education. To start with, employers are not solely interested in cognitive outcomes, but put heavy emphasis on interpersonal skills, attitudes and values (see, for example, *Education Daily*, 22/2/1995). Furthermore, it is not only cognitive outcomes of schooling that contribute to economic development. Many seem to agree that:

> "Education and training enhance economic performance in ways that go well beyond the transmission of knowledge and skills and include the teaching and learning of diffuse, if very real, outcomes such as attitudes to innovation, co-operation and productivity, and the value placed on different occupations and economic activities" (OECD, 1989, p. 38).

The amount and quality of a country's human capital is becoming vital for many western democracies in the context of global competition. As "change" has become a characteristic in its own right, the need for lifelong learning is high on political agendas (OECD, 1994*b*; 1996). The positive attitudes towards learning which are required are mediated, or maybe even generated, by education itself.

◆ Figure 1. **Essential and important competencies to acquire in education**
Opinions in 12 OECD countries

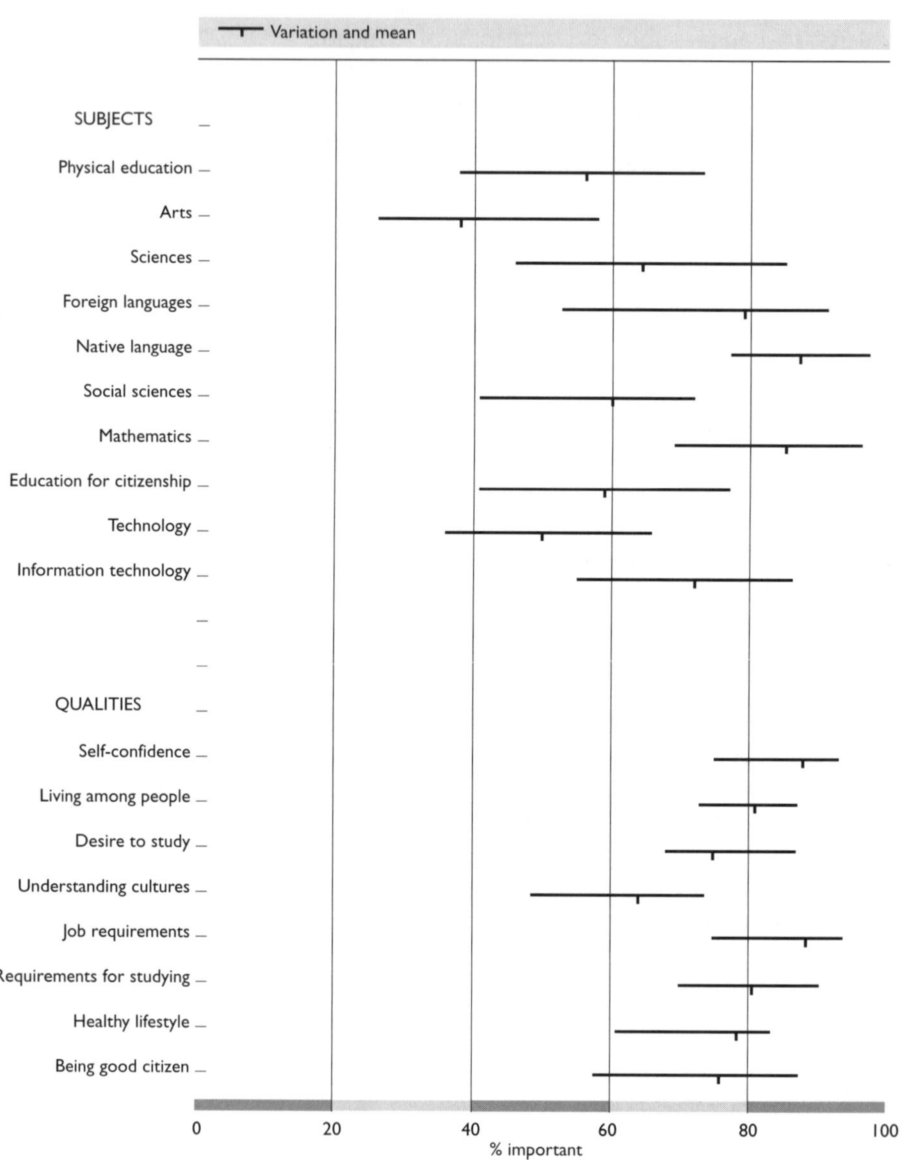

Source: Adapted from OECD (1995*d*).

Increasing use of indicators

After growth in both economies and bureaucracies in the 1960s and 70s, global recession during the 1980s called for new solutions to old problems of production and distribution. Governments in many parts of the world sought the answer in a new balance between state and private provision of services and products. Recurring themes in this balancing act are more consumer choice and decentralisation of different kinds and magnitude (Hirsch, 1994). The changes are often accompanied by a greater emphasis on monitoring and accountability in order to check whether the freedom attained has the intended effects (Michel and MacBeath, 1995; OECD, 1995*e*). The consequence is increasing use of indicators in many areas of social policy, as such indicators are powerful tools in the process of "managing at a distance". Inherent in the changes is a shift in focus from what goes in and what goes on in the system, to what comes out of the system. In other words, the emphasis has moved from input and process towards output. Indicators, particularly output indicators, are becoming a powerful management tool of control, guidance and direction, with or without the ultimate goal of improving the quality of services and products.

Discussion about education has also been affected by these more general issues. In the wake of changed thinking about welfare and the role of the state, the ways in which education is provided have come under scrutiny. The shift from quantity to quality does not go unnoticed either, with the emphasis shifting from rapidly increasing participation – and how to manage it – to school improvement, quality and excellence – and how to achieve it (Bottani and Tuijnman, 1994; Chalker and Haynes, 1994).

As pointed out above, several of these issues stem from the realisation that the amount and quality of human capital have become vital in an atmosphere of global competition. Indicators measuring student achievement have been promoted to become key players on the national and international stage.

The OECD INES Project has up to now used data collected by the International Association for the Evaluation of Educational Achievement (IEA) and the International Association for Educational Progress (IAEP) to develop output indicators on mathematics, science and reading literacy (*e.g.* OECD, 1995*a*). There can be no doubt that these skills are important at the current time and will remain so in the future. Indicators of educational outcomes in these areas can, however, only tell part of the story about what contributions schools make to individual students as well as to society as a whole. The social function of education is gaining priority, and schools are being invited to prepare students to become tomorrow's citizens. However, indicators of mathematics, science and reading attainment are no longer adequate when schools are undertaking work in many other areas and increased priority is given to such activities at policy level.

THE NEED FOR NEW INDICATORS

From different perspectives there is a wider than usual call for new indicators.

Very little is known about how students perform in the skills and attitudes considered of vital importance for social functioning and for society as a whole to cope with the formidable tasks of the future. Jeny Oakes has pointed out that this lack of knowledge and understanding is not entirely harmless as existing measurement systems do influence the system.

> "The very existence of indicators influences how schools operate. We have known for some time that external standardised testing programmes shape the nature of the school curriculum" (Oakes, 1989, p. 183).

The lack of proper indicators for what have been described as Cross-Curricular Competencies therefore carries the danger that education systems will be held accountable merely on the basis of their students' reading, writing and calculating (see also Darling-Hammond, 1994).

In the early 1970s, several decades before the current interest in indicators surfaced, IEA conducted a survey of civic education in which items measuring political knowledge as well as a number of political attitude measures were included (Torney *et al.*, 1975). This was the only one of the six subject areas surveyed by IEA at that time which did not have a clear basis in a curriculum subject area. Although no "indicators" as such were reported, many of the items included there are quite close to the idea of Cross-Curricular Competencies (and served as the basis for some of the instruments used here in Domain 1).

In recent years concern has been raised over the issue whether education systems that are very successful in producing high standards in the traditional subjects may be doing so at the expense of other important aspects, such as creativity, critical thinking and self-confidence among their students (see OECD, 1989; 1995*c*). If the evaluation of schooling is not to merely focus on what has been measured so far – which can be measured relatively easily – new additional indicators are needed. Patricia Broadfoot has therefore made a plea for broader profiles of achievement:

> "(...) the challenge facing those charged with the evaluation of education systems is to find ways of developing and measuring indicators that adequately reflect the full range of educational goals" (Broadfoot, 1994, p. 237).

Experience in the field of comparative educational research has led to similar conclusions. The well-known researchers Eckstein and Noah have emphasised repeatedly that we need to extend our insights from assessments and achievement studies to a broad range of qualifications acquired at school. From their studies on secondary school examinations (1992, 1993) it becomes clear that a wide variety of qualifications is acquired during this important stage of life. Yet, their studies also show large variations in examination systems between the countries that were studied (United States, England and Wales, Sweden, Russia, China, Germany, France and Japan). We can read between the lines that in some countries skills and attitudes which are not bound to the curriculum can constitute an important part of the examination. For example, in some countries national identity is strongly induced as a competence, and in others, attitudes towards equality are considered of great importance.

Before any indicator can serve its purpose as a tool for evaluation, a number of conditions must be met. Owen *et al.* (1995, p. 218) listed these conditions very clearly:

"Indicators, in other words, must be:

- comparable over time and between jurisdictions, or against standards;
- acceptable to all stakeholders as meaningful measures of a stated value;
- responsive to changes in the underlying phenomena;
- substantively distinguishable from other indicators;
- modifiable through positive action; and
- supported by data that are, and will probably continue to be, accessible."

Obviously, much work has to be done before any indicator is developed and ready for use. It is also clear that availability of data and measurement techniques put limits on indicator use in the short term.

What is more, indicator development in an international context is a formidable exercise. If any of the indicators are thought of as directly or indirectly involving attitudes, or as more the province of families or other institutions than of schools, new issues are raised. (See Torney-Purta, 1994, for a discussion of alternative ways to deal with the indicators of such affective outcomes.) Further, precarious balances have to be struck between political intentions and scientific standards, between ideological and methodological issues, between political relevance and plain fascination, between leaving out what cannot be mutually agreed and maintaining sufficient substance. All steps in the process, including everyday things such as item selection and measurement techniques, carry political implications (Bottani and Tuijnman, 1994). This being the case, the "temptation is for the work to be focused on the aim of improving the scientific basis of the indicators" (*op. cit.*, p. 27). However, the state of the art in the social sciences rarely, if ever, allows for an undisputed scientific basis. Strictly focusing on conceptual work therefore bears the risk that "the publication of a set of education indicators might well be postponed indefinitely" (*ibid.*). Controversies of a political nature cannot, and probably should not, be settled by scientific arguments alone. Hence, current possibilities and future aims had to be delicately balanced in launching and conducting the CCC feasibility study.

After this very broad outline, and before turning to the actual activities that were undertaken during the different phases of the project, we want to focus more specifically on the relevance of Cross-Curricular Competencies for individuals and society as a whole, and for educational policy.

Relevance to the individual

Skills referred to here as Cross-Curricular Competencies have a considerable impact in shaping individuals' lives. The timing of their acquisition is also important because they are cumulative. In developmental psychology, arguments are put forward that mastering skills such as those encompassed in the CCC Project is important from early adolescence. Throughout the years of secondary education, the competencies are built upon and they are then put to use during the transition from school to work (that is, during young adulthood). The development of knowledge, attitudes and skills which will induce "socially responsible behaviour" is considered to reduce risk behaviour later on in life: alcoholism, problems with interpersonal relationships and unemployment. There is a strong argument that such skills – in particular the social skills – are related to a person's mental health. A whole body of literature exists on social skills training for inmates, young offenders and addicts as a means of preventing addiction and re-offending in the future (*e.g.* Bellack and Hersen, 1979; Hollin and Trower, 1986).

Rapid technological change and a post-industrial economy require employees to acquire new skills continuously. Within a few years of graduation, qualifications no longer match job requirements in the labour market so that extended education and training remain necessary. Partly because of the speed of change, problem-solving skills and communication skills have gained particular importance. In this context, attitudes towards continuous learning and flexibility are in high demand, not only for work but also for daily life.

In the course of their lives, children are socialised and introduced to the secrets of society. Some of these secrets are embedded in school activities and lessons, but many are passed on to this new generation via informal practices and processes. Not everything is planned, and much is an unintended consequence of the learning process. Sometimes the school provides the environment for such processes, and often significant others play an important role.

The main point here is that knowledge, attitudes and skills described as CCCs are a vital element in education and in many cases decisive for a person's career. Levels of formal education have increased enormously in most developed countries, particularly during the last two decades. The need for qualified workers has increased as well, but usually not at the same speed as the rise in educational level. As a consequence, many students face fierce competition in the labour market, where many fellow students are equally well qualified. In situations like this, the command of unusual skills and knowledge is literally crucial in getting a job. In highly educated societies social competencies are at least as important as the formal competencies learnt at school: they become survival skills.

For the individual, emphasis on CCCs is meaningful, and indicators are necessary to monitor the acquisition of such skills over time.

Relevance to the society

For a society to maintain itself and develop, certain skills are required of its future leaders, managers, politicians, policy makers and scientists. The Central European concept of the intelligentsia makes reference to these persons and their skills. Societies will become more and more complex in the future. Technological innovations and changing labour relations are phenomena having a great impact on society and its citizens. In order to master social problems, people will require a considerable amount of creativity and self-confidence.

Aspects already touched upon are the common values and attitudes that are passed on through the school system. These value systems support a crucial function, namely the integration of all members of the society. The integration function of education is particularly important as societies become increasingly diverse. Most developed societies face growing diversity in the ethnic and cultural background of citizens, and a strong trend towards individualism.

At the same time, integration into larger entities is evident. Individual citizens are more and more embedded in larger social institutions and assumed to feel responsible for a continuously growing world. Satellite television brings "down under" close by, while European integration covers more countries and more issues so that understanding different cultures becomes an absolute necessity. Such competencies relate almost literally to survival in modern societies. This raises the question of what it means for people to be prepared for working life. Is the mastering of certain subjects and the award of a diploma sufficient? Or are other competencies, such as flexibility, self-confidence and attitude towards work at least as important? Such competencies are usually labelled social-normative qualifications in contrast to the more subject-related technical-instrumental qualifications.

It may be that these challenges facing society are taken into account in the official goals of education (see also Appendix 3, p. 89), and it is to be hoped that they are – somewhere – included in curricula. However, at present very little is known about whether such educational goals are achieved through education, either as hidden curricula or as CCCs.

Relevance for policy

How relevant will information on indicators of Cross-Curricular Competencies be for policy? To indicate how pertinent CCC indicators can be, four points will be made.

Firstly, it will be possible to contrast the educational goals formulated with the competencies achieved by students. Feedback to the designers and policy makers of education can be provided. It may be useful to make reference here to the GOALS Project (Goals Orientation and Attainment in Learning Systems), also undertaken by Network A of the OECD INES Project, as it complements the CCC Project on this point (for specifics about the GOALS Project, see Granheim and Pettersson, 1995; Eggen-Knutsen, 1995). It may be expected that – in the long run – the project will give a clearer idea of the educational goals for which indicators may be developed, in particular in the area of CCCs. It will then be possible to extend discussion of the quality of education to important goals of education which have not yet been covered.

Secondly, the relevance of education for social life is the subject of discussion in many countries, among them Canada and the United States. The National Education Goals in the latter also emphasise competencies that are not related to one specific subject. Similar developments may be seen elsewhere, for example in Austria and Norway.

Thirdly, when indicators on CCCs are available, an evaluation can be made as to whether a balanced "package" of competencies has been achieved. Is a high score in science, for instance, matched by high scores on indicators for CCCs? Or – given restricted amounts of time in school – may certain trade-offs have been made in favour of either subject matter achievement or CCCs? The availability of indicators in both domains would be of help for a rational discussion of a balanced curriculum. In addition, discussion of the impact of education on the labour market and earnings is usually restricted by the fact that only subject-bound measures are available, leading politicians and economists to focus on subject-bound indicators. This may change if adequate CCC indicators become available.

Finally, there is also, what one might call a risk argument. If CCCs are a major part of the educational goals and if CCCs are important for the growth of society and individuals, then it may be prudent to have information on this domain. To put it more strongly: if CCCs are important, a lack of them may not become apparent until the later stages of a person's career. It would therefore be important to have an indication of their acquisition during schooling. This suggests regular monitoring at school age.

HISTORY AND BACKGROUND OF THE INES CCC PROJECT OF THE OECD

THE LAUNCH OF THE CCC FEASIBILITY STUDY[1]

The impetus behind the CCC feasibility study was that available indicators of education systems were insufficient, because they were: *a)* too restricted to traditional subjects, *b)* measured at the age of fourteen and therefore not a "final" product of schooling, and *c)* did not cover enough of the skills relevant for later life (Trier, 1991). "What do young adults at the end of education need in terms of skills to be able to play a constructive role as citizens in society?" was the question guiding the efforts. The skills referred to are called Cross-Curricular Competencies and form the contents of an imaginary survival kit. During several discussions within the INES network, broad support was found for taking these ideas further and developing indicators in this area. A project proposal for a feasibility study was accepted, with the intention of trying later to mount larger national representative studies (Peschar, 1993*b*).

The first step in the process was to select a limited number of areas to start working with. The description of Cross-Curricular Competencies is a very broad one and many competencies can be considered relevant for life and functioning in society.

POSSIBLE CCC DOMAINS

Bearing in mind that there was no existing practice yet, a modest approach was considered appropriate to identify Cross-Curricular Competencies for indicator development. Too wide a range of CCCs from the outset could easily have set ambitions too high, putting the whole exercise in jeopardy. A small committee made a preliminary selection of possible areas for indicator development. Consideration was given to issues of acceptability to the participants, whether expertise might be available in the area and the related issue of whether instruments might be at hand.

Early on in the project, two of the five areas considered as first targets were combined into one because they were so closely linked together. The resultant four areas were:

Domain 1: Politics, Economics and Civics;

Domain 2: Problem-Solving;

Domain 3: Self-Perception/Self-Concept;

Domain 4: Communication.

Following the identification of these areas, expert reviews were commissioned, on the basis of which the feasibility of developing indicators was judged (Fend, 1995; Halman, 1995; Hodgkinson and Crawford, 1995).

There is a striking similarity between these four, independently derived, areas and those of another attempt to identify domains. In the early 1970s also an effort was made to develop international indicators. The approach taken by Carr-Hill and Magnussen (OECD, 1973) was to go back to the original aims of mass education, that is "to ensure that all members of a society could participate as citizens" (*op. cit.*, p. 37). In their view this means that:

> "Individuals should be able to function more or less autonomously with respect to all the major institutions of society. Thus we require individuals to perform a variety of routine operations, participate politically, economically and socially, and we want them to be ready to handle tomorrow's problems" (*ibid.*).

These general requirements gave rise to suggestions for six types of educational indicators:

- *Functional literacy*, described as "the initial comprehension of what is allowed or required in any situation" (*op. cit.*, p. 38) with particular reference to the skills used in day-to-day functioning.
- *Political participation*, distinguishing a knowledge component (how does the socio-economic and political system work?) and an action component (skills, interest and willingness needed for participation).
- *Extent of real and apparent control exercised by pupils*, stressing the importance of a "sense of control over one's own immediate environment" *(op. cit.*, p. 41).
- *Consumer efficiency*, described as "the ability of individuals to choose what to buy among a wide variety of available goods" in the wider context of budget management (*ibid.*).
- *Social relationships*, in particular being able to communicate with people of all ages, both sexes and all social classes.

– *Tomorrow's citizens*, pointing to "minimum requirements for survival in a rapidly changing world" (*op. cit.*, p. 43) with particular emphasis on sex education for population control, and the ecology of human societies in the interest of environmental protection.

It is promising for the CCC endeavour that twenty years later similar ideas lead to similar conclusions. However, there is also reason for caution as these ideas have not been followed through earlier. Papadopoulos (1994) gives two reasons for this inertia. Firstly, the agreement reached between countries about policy objectives was at a general level and therefore selective. These objectives were considered to be dependent on each other so that a single indicator would not be meaningful by itself. Secondly, available educational statistics were inappropriate and no country decided then to undertake additional research.

The latter reason no longer prevails, given the current CCC feasibility study. The first objection – that objectives are related to each other – may be obviated by the clear intention from the start of the CCC Project that it is the interrelatedness of indicators that is at stake. Joint consideration of outcomes is needed as the selected areas obviously do not represent independent dimensions. Also, it is the profile comprising different competencies that is relevant, rather than measures in any one area as such.

CCC DOMAINS AND EDUCATIONAL AIMS

The extent to which schooling may contribute to Cross-Curricular Competencies is of course an important question. Empirical investigation will be needed to establish what and how schooling contributes to the skills referred to. However, only after it has been shown that CCC indicators can be developed, it is appropriate to ask how these competencies were acquired.

What is important at this stage is the relevance of Cross-Curricular Competencies for education systems. To make sure that this would indeed be the case, the educational goals of sixteen countries were scanned for the domains identified in the project. In all cases, knowledge, skills and attitudes comprising CCCs are considered to be core goals of the education system, whether defined at the national or the local level (Peschar, 1993*a*; Trier and Peschar, 1995). Examples of these goals can be found in Appendix 3, p. 89 of this report.

All in all, there is reason to try to develop indicators to measure student competencies in these domains. It was planned to conduct the feasibility study in six countries on the basis of existing instruments – just to show the potential of the approach.

3

THE PILOT STUDY: DESIGN AND FIELDWORK

DESIGN OF THE CCC PILOT STUDY

The main purpose of the pilot study was to find out whether the approach adopted would be feasible in practice. By going through the whole process aimed at developing new CCC indicators, problem areas might be identified and possible solutions found.

After the four areas were identified, the crucial question became how to measure competencies in these domains. The study explicitly set out to make use of already existing instruments for two reasons. Firstly, the potential of the approach could thereby be shown, and secondly, the time-consuming and costly process of developing entirely new ones could be avoided.

Under the directorship of Jules L. Peschar (the Netherlands) six countries or communities participated in all phases of the CCC pilot study: Austria, Belgium (French and Flemish Communities), Italy, Switzerland and the United States. In addition, fieldwork was later also conducted in Hungary, the Netherlands and Norway. Canada took part in the early phases of the project but was unfortunately unable to conduct the actual fieldwork. Australia, Finland, Ireland, and Spain showed interest in the project but were unable to participate. Thus data were collected in nine countries or communities.

From the international research literature a total of fifty instruments were selected (see, for an example of sources, Robinson *et al.*, 1991). These instruments were assessed on a number of criteria, among others psychometric properties and validity.[2] During the screening of the instruments the issue of content validity became particularly apparent. With the original objective of the project in mind – that is to examine skills, knowledge and attitudes relevant for daily living – many instruments were considered to be inappropriate. Other instruments were excluded as the unintended consequence of other decisions that had to be taken with regard to the fieldwork.

On this last point, given that the project was to be guided by what students need when they leave school, the target was in principle to select students who had already left school. But, where was one to find these young people and how did one draw a sample? Bearing in mind regular large-scale data collections in the future, the option of random sampling and personal interviewing was considered too expensive and intensive. For pragmatic reasons it was therefore decided to draw samples from schools. The next question was then the choice of the age-group. The dilemma is evident: the older the students, the closer one gets to the original purpose, but also, the more selective the sample. The age criterion was therefore set at 16 as in almost all countries more than 90 per cent of students of this age are still participating in education. The decision to focus on 16-year-olds was a consequence only of a technical discussion; not of the principle of restricting the focus of the study to what was being taught in schools!

However, the decision – for practical reasons only – to focus on 16-year-olds in schools obscured the original aim of the project somewhat. In some countries only what is specifically stated in the school curriculum can legally be tested within the school. This caused some instruments to be excluded from further consideration.

The aim of using existing instruments in the pilot thus proved to be much more difficult to achieve than had been foreseen. Moving away from the anticipated task of finding valid and reliable instruments for international use, the purpose now became how to develop such instruments. To cover the domains of Politics, Economics and Civics **(Domain 1)** and Self-Perception/Self-Concept **(Domain 3)**, existing instruments were adjusted to a greater or lesser extent, and some entirely new items were added.[3]

Difficulties with existing instruments were particularly encountered in Problem-Solving **(Domain 2)** and Communication **(Domain 4)** skills as none of the instruments screened was found entirely appropriate. For these two areas a newly developed integrated task was decided upon – after several rounds of adjustments.

After many discussions about appropriateness, the likelihood of meaningful translations, the difficulty of the items and so on, a core of final instruments covering the four areas was agreed upon. The final instruments were divided into two packages (for the actual instruments see the annex at the end of this chapter):

- One package started with a total of 56 items in the domain of Politics, Economics and Civics followed by a total of 42 items in the domain of Self-Perception/Self-Concept. All these multiple-choice items had precoded categories and included knowledge questions as well as items on attitudes and reported behaviour. In most – but not all – countries the package was completed by an item referred to as "Race". A graph showed the progress of three athletes running the 400 metres. Students were asked to take on the role of commentator and write a commentary on the race. The written text was to be assessed on problem-solving skills.
- The other package comprised the integrated task for Problem-Solving and Communication called "Plan a Trip". Students were invited to take on the role of member of the planning committee of a youth club. It was time to

prepare the annual club outing and the students were asked to consider several options for this event on the basis of information provided. The task started with one page of introduction followed by five multiple-choice questions about this text. In an open question that followed, students were asked to make a list of the aspects they would take into consideration when going through the material that was provided. The material included a leaflet on a football championship, an advertisement for a burger stand in the stadium, a letter from a wildlife and bird sanctuary giving information about the attractions, a leaflet about a harp concert, a leaflet from an amusement park, a bus schedule and a map which showed all the locations. Information was also provided on things such as the budget available and the costs of the different alternatives, the time-frame for the outing and ways to travel. Similarly, the members of the club were said to vary in their interests and physical abilities, which should also be taken into account.

In the second open question students were asked to write a report for the committee outlining and planning alternative outings. Students could make use of all the information provided when writing this report. The package was completed by five multiple-choice questions asking students about different motivational aspects.

The two open questions, the list of considerations and the report with alternatives, comprised the core of the integrated task. Answers on these questions were to be assessed on communication as well as problem-solving skills.

It was estimated that each of the two packages would require approximately one class-hour to complete. A few short questions were added asking students about their gender, date of birth, parental educational background, ethnic background and – if applicable – educational track.

Countries and communities participating in the fieldwork were also invited to include one or more of four sets of optional instruments on top of the two core packages. These options were:

- Risk indicators, complementing Domain 3.
- A set of both solely problem-solving as well as integrated problem-solving/communication tasks completing Domain 2 and Domain 4.
- School process indicators, in particular facilitating interpretations of results found for Domain 3.
- Social desirability index, facilitating interpretations of overall results in relation to response bias.

CONDUCTING THE FIELDWORK

Sampling

The next main goal of the feasibility study was to establish to what extent the instruments were suitable in, and stable across, different national contexts. The sampling framework was designed in accordance with this goal and did explicitly not require samples to be nationally representative. Nevertheless, one country did aim for a national representative sample while in two other countries samples were drawn to be representative for a confined geographic area. In all other cases judgement samples were drawn.

To ensure the necessary variation between students, judgement samples were stratified along dimensions which were largely left to the discretion of participating countries to accommodate specific circumstances. However, three general guidelines for stratification were mutually agreed: urbanisation, socio-economic status of students and – if applicable – educational track. In some cases additional stratification criteria were used such as geographic area, affluence of the region and administrative characteristics.

The net sample size proposed was 700 students for each of the instruments. It was expected that this number of respondents would allow the reliability of the instruments to be assessed and the data structures to be compared, for the sample as a whole as well as across some sub-groups of students. The minimum net sample size was set at 300 for each of the instruments. Assessment of the reliability of the instruments and comparisons of data structures were expected to be possible for these samples as a whole, but not for sub-groups of students.

Ideally, all sampled students were to complete all the instruments so that data patterns across all instruments could be examined. It was acknowledged, however, that such a demand – at least two hours of school time – would not always be possible.

Table 1 gives an overview of fieldwork conducted in the respective countries and communities, the net sample sizes for each of the two packages containing core instruments, and any overlap between these two packages. In this overview only students were counted for whom data were available for at least half of the items.

Ages and grades

For reasons outlined before, the target population for the CCC pilot consisted of 16-year-old students. Instructions to determine the grade level were formulated as: "Determine the grade in which most of the students who are 16 years of age as of 15 February 1995 can be found. Sample all students in that particular grade in all selected schools/classes".

Table 1. **Fieldwork conducted**

	Civics and self-concept	Problem-solving and communication	Race	Separate samples for the packages
Austria	580	508	564	No
Belgium/French	703	269	606	No
Belgium/Flemish	1 078	1 036	1 036	No
Hungary	550	479	556	No
Italy	1 555	1 391	1 079	Yes
Netherlands	615	83	502	No
Norway	286	163	–	No
Switzerland	903	–	–	–
United States	638	477	460	Yes
TOTAL	**6 909**	**4 405**	**4 803**	

Source: Author for the OECD.

The mean age in the respective samples ranges from slightly over 15 (15.3) to slightly over 17 (17.2) years. These distributions testify to the fact that grade levels are both (very) heterogeneous in age composition and not always easy to determine. Actual grades range from 9th to 11th grade but this is partly confounded by the fact that children start school at different ages in the participating countries.

In a few countries the selected grade is the grade in which students – either all or those in particular tracks – sit their final school examinations. Since fieldwork was conducted during the second half of the year, it proved to be difficult for schools to participate in those countries.

Translations

Standard instruments decided upon by the CCC group were translated into the official national languages. Although it was advised to have instruments back-translated and checked, this was not always feasible because of time and/or budgetary constraints. In most cases researchers and research assistants translated the instruments, while in a few cases professional translators were contracted for the task.

The difficulties encountered during translations arose mainly because words – and the situations they referred to – were not entirely applicable in all countries. To give three different examples: the term "human capital" is in its translated form not always a commonly used term; a translation of "hiking trail" (Plan a Trip) does not always do justice to the task in flat countries; the bus-schedule in the same task was considered to differ substantially from what is common in – especially rural – Hungary.

Time and testing

It was estimated that each of the two packages comprising the core instruments of the CCC pilot would take about 45 minutes to complete. As class-hours differ between – and sometimes within – countries, the time allowed to students ranged from 45 to 60 minutes for each of the packages. It must also be noted that any optional tasks that were included were also to be completed within these time-slots.

The experience of the pilot has shown that the package containing multiple-choice items for Domain 1 and Domain 3 can indeed be completed in about 30 to 40 minutes. The time needed to complete the integrated task for Domain 2 and Domain 4 is much harder to estimate. (See also Chapter 4.)

As has been said, planning of the fieldwork was left to each country's discretion. In one case the two packages were completed simultaneously by different students in the same class, which caused some problems because the time required for the two sets differed. In other cases the two packages were completed in two subsequent class-hours – either in similar or reverse order – which was sometimes considered a rather heavy demand on schools and students. In yet other cases schools were therefore allowed to plan the needed class-hours up to several days apart with the same group of students.

The tests were administered by researchers (test administrators, student research assistants), school psychologists or class teachers. Instructions were either given in writing or during training sessions which were organised.

Instructions and coding

One package contained the instruments for **Domain 1** (Politics, Economics and Civics) and **Domain 3** (Self-Perception/Self-Concept). All the items in this package had precoded multiple-choice answer categories. The instructions for the different sections were not always entirely clear, which caused confusion in some cases with regard to the way answers were indicated (circled or crossed out). Also, the answer categories themselves were not completely unambiguous for all the items. These difficulties were not so great, however, that entire items or sections of items had to be left out of the analysis as a consequence.

The other package with the integrated task for **Domain 2** (Problem-Solving) and **Domain 4** (Communication) contained only a few multiple-choice items. The core of the task resulted in written texts which had to be marked by hand on different dimensions. For this purpose general coding schemes for holistic coding of texts were applied. The actual coding process differed between the participating countries. In one case those administering the tests also did the coding on the basis of the written material provided. These coders worked on their own and no training or team discussions took place. In another case an expert in the field of marking and assessment was contracted who organised six trained coders for the work and provided thorough team-training sessions.

Without exception, however, the coding material provided for the problem-solving and communication tasks was found too vague, unclear and subject to different interpretations. Many coding teams went about solving these problems during their training sessions. Through a consensus-building process more specific criteria – fitting within the general framework – were arrived at. In two cases coder inter-reliability was checked following this process, which resulted in correlations ranging from 0.56 to 0.94 for different aspects of the coding and overall correlations of 0.94 – with three coders – and 0.98 – with two coders. In three other cases indications or estimations pointed to high consensus among coders after training sessions.

The material provided for holistic coding of the problem-solving and communication tasks thus created serious problems during the CCC pilot. At the same time, some of the solutions that were found and adopted by participants pointed to ways in which practices could be improved so that very acceptable levels of inter-coder reliability were even reached.

Resources

As the sample size, the process by which the fieldwork was conducted, the way coding was organised, etc., differed extensively between the participating countries, so did the time involved and money spent on the pilot. No precise estimate can therefore be given.

CONCLUSION

In this feasibility study nine countries or communities participated in the preparation of the instruments and the fieldwork. Considerable time was spent on achieving a minimum degree of standardisation with regard to sampling, age/grade selection, selection of instruments, translations and coding. Practice shows that more standardisation can be achieved and will be necessary in future comparative studies. It must be kept in mind, however, that the goal of this pilot study was to show that it is feasible to develop and make available instruments in the area of Cross-Curricular Competencies. A next step is to improve the standards of comparability when these instruments are applied comparatively in indicators for CCCs. For the moment it suffices that the standards for fieldwork in a pilot study have in fact been met. In the following chapters findings on the instruments are reported.

Annex

INSTRUMENTS FOR THE CCC PILOT 1994/95

GENERAL INTRODUCTION

Dear student,

You are invited to take part in an international study.

Why this study?

Surprisingly, little is known about how young people such as yourself relate to present day issues and cope with day-to-day challenges. Therefore, the Organisation for Economic Co-operation and Development (OECD) is now for the first time doing a study in six countries: Austria, Belgium (both the Flemish and French communities), Canada (British Columbia), Italy, Switzerland and the United States of America. In the future, a study like this is expected to be done regularly in more countries.

What is it about?

We want to know what you think and how you feel about your life, your future and political issues. Your answers will not count toward any marks in school. We just want to know what you think and how you feel.

Why you?

Young people have very different ideas and feelings. We therefore want to ask these questions to a wide variety of people. It is very important to us that you fill in this questionnaire, otherwise your particular thoughts will get lost. All the answers you give are strictly confidential; your teacher will not have a look at what you say and nobody will be able to identify your response.

Many many thanks for your co-operation!

INSTRUMENT FOR DOMAIN 1: POLITICS, ECONOMICS AND CIVICS

Each of the questions in this test is followed by five possible answers. You are to decide which one of the answers is best. There is a correct answer to each question, but you are not being graded (marked) on your answers. So do not guess if you do not know the answer. If you are unsure of an answer, simply leave it blank.

Look at this example:

Which of the following is a nation?

A. Tokyo
B. Australia
C. Copenhagen
D. Montreal
E. Cairo

Since Australia is a nation and the others are only cities, you should choose B.

Now begin the test:

1. *Which of the following are most commonly elected by direct popular vote in countries which are democracies?*
   a) diplomats
   b) civil servants
   c) high court judges
   d) members of Congress (Parliament)
   e) state school teachers

2. *In most countries all men and women are legally required to*
   a) pay taxes
   b) speak the same language
   c) marry and have a family
   d) pay dues to a political party
   e) serve in the armed forces

3. *In a democratic political system, which of the following ought to govern the country?*
   a) one strong leader
   b) a small group of well-educated people
   c) popularly elected representatives
   d) large land owners and important business owners
   e) experts on government and political affairs

4. *Ideally, in a democratic system, which of the following is supposed to exercise the most important influence in the decision-making process?*
   a) the business leaders
   b) the people and their groups

   c) the civil service
   d) the judiciary
   e) the armed services

5. *General elections are held in democratic countries mainly to*
   a) educate the people about the differences between political parties
   b) be sure that people will vote
   c) be sure that existing laws are understood by the people
   d) allow people to review and express their political preferences
   e) keep taxes at a lower level

6. *What is the major task of Parliament (Congress)?*
   a) punish criminals
   b) supervise the courts
   c) supervise newspapers and television
   d) decide about laws
   e) give orders to civil servants

7. *If your annual money income rises by 5 per cent while prices of the things you buy rise by 10 per cent, then*
   a) your purchasing power has risen
   b) your purchasing power has fallen
   c) the prices of goods have doubled
   d) your money income has doubled
   e) your standard of living has been cut in half

8. *If there were a high protective tariff in Japan upon watches made in Mexico, who would most directly benefit?*
   a) Mexican watchmakers
   b) Japanese citizens who buy Mexican watches
   c) Japanese customs officials
   d) Japanese watchmakers
   e) the Mexican government

9. *Which of the following would suffer most from the effects of inflation in a highly industrialised economy?*
   a) a person whose basic pay is tied to a cost of living index
   b) a person living on a fixed income
   c) a factory worker who belongs to a strong trade union
   d) an executive secretary in a large business office
   e) a professional person such as a lawyer or doctor

10. *A country's human capital includes which of the following*
   a) income and savings of those who live there
   b) goods available for consumers to buy there
   c) the education and abilities of those who live there

   d) the credit available to those who live there
   e) money available to invest in new businesses there

11. *The term "guarantee" or "warranty" refers to a written statement that*
   a) shows that a customer has paid cash for a purchased item
   b) promises repairs or a replacement if a product fails to perform as specified
   c) lists replacement parts and their costs if the items fail to perform as specified
   d) lists all repair shops in the buyer's local area
   e) promises to exchange the item if the buyer changes his or her mind

12. *Which of the following advertising claims would be most difficult to prove correct*
   a) this soap removes stains more effectively than other brands
   b) this soap is gentle enough for babies' clothes
   c) this soap contains bleaching ingredients
   d) this soap works most effectively in hot water
   e) this soap contains no products currently known to harm the environment

These questions are being given to a number of people of your age in several countries to find out what they think. For these questions there are no right and wrong answers, so this is not a test. We just want to know what you think. Your answers are confidential, so be as truthful as you can.

Answer categories

1	*2*	*3*	*4*	*5*
Strongly disagree	*Disagree*	*Don't know*	*Agree*	*Strongly agree*

13. Women should run for public office and take part in the government just as men do
14. Citizens must always be free to criticise the government
15. Women should have the same rights as men in every way
16. People who disagree with the government should be allowed to meet and hold peaceful public protests
17. Women should stay out of politics
18. Citizens should feel free to say when they oppose some government decision
19. Men and women should get equal treatment in all occupations
20. People should not criticise the government

21. When jobs are scarce, men have more right to a job than women
22. Citizens must have a chance to say what they think about government decisions
23. Political leadership should be mainly entrusted to men
24. It is wrong to criticise our government
25. People of my age and generation have better chances for the future than ever before
26. I am able to influence decisions in groups
27. People of my age and generation don't have any power in society
28. I can convince others to support candidates I am supporting in school or class elections
29. People of my age and generation often feel forgotten by society
30. I can usually persuade others to agree with my opinions
31. There are many opportunities in the next few years for people of my age and generation
32. I am the kind of person who can influence how other people vote in school or class elections
33. Most other generations have had better opportunities than my generation will have

What rights and opportunities should these students have at school:

Answer categories

1	*2*	*3*
Fewer rights and opportunities	*Exactly the same rights and opportunities*	*More rights and opportunities*

34. Students who have difficulties in learning
35. Students who have immigrated from another country
36. Students who must use a wheelchair
37. Students who are ——— (ethnic minority)
38. Students who often disrupt classes
39. Students who are homeless
40. Students who do not speak ——— well
41. Students who often fight with other students

How often do you have discussions of the following with: 1) people of your own age outside school; 2) parents or other adults in your home; 3) teachers in school?

Answer categories

1	*2*	*3*	*4*
Almost never	*Less than once a week*	*About once a week*	*Several times a week*

Discussions of what is going on in your national government

42. With people of your own age outside school
43. With parents or other adults in your home
44. With teachers in school

Discussions of what is happening in other countries

45. With people of your own age outside school
46. With parents or other adults in your home
47. With teachers in school

Discussions of problems of the environment

48. With people of your own age outside school
49. With parents or other adults in your home
50. With teachers in school

Discussions of problems of people out of work

51. With people of your own age outside school
52. With parents or other adults in your home
53. With teachers in school

Answer the following questions using the following scale:

Answer categories

1	*2*	*3*	*4*
Almost never	*Less than once a week*	*About once a week*	*Several times a week*

54. How often do you read items (stories) in the newspaper about what is going on in your national government?
55. How often do you read items (stories) in the newspaper about what is happening in other countries?
56. How often do you listen to national television news broadcasts?

INSTRUMENT FOR DOMAIN 3: SELF-PERCEPTION/SELF-CONCEPT

What do you think of the following sentences?

Please mark the response category which best applies to you.

1. *How hard do you work for school?*
   - *a)* very hard
   - *b)* rather hard
   - *c)* average
   - *d)* less hard
   - *e)* not hard at all
2. *How great is your persistence when you have to cope with school tasks?*
   - *a)* very persistent
   - *b)* rather persistent
   - *c)* average persistent
   - *d)* less persistent
   - *e)* not persistent at all
3. *How ambitious are you in trying to achieve good grades at school?*
   - *a)* very ambitious
   - *b)* rather ambitious
   - *c)* average ambitious
   - *d)* less ambitious
   - *e)* not ambitious at all

Answer categories

1	*2*	*3*	*4*	*5*
Agree Rather true than false	*Rather agree Rather true*	*Undecided Don't know*	*Rather disagree Rather false than true*	*Disagree Untrue*

4. I dislike stopping my work before it is finished
5. I only feel comfortable when I have done my work well
6. One should always try to do one's best
7. For school I work thoroughly (carefully) and exactly
8. I do my homework regularly
9. I have difficulty concentrating when I study
10. I simply can't sit down and study for a long time
11. I am one of those pupils who like studying
12. I consider learning to be a necessary evil
13. At the moment I feel bored at school

14. We have teachers whom I admire
15. Most of our teachers only want the very best for their pupils

How do you see yourself?

Please mark whether the following sentences are true or not true for you.

Answer categories

1	*2*
True for me	*Not true for me*

16. Always when I try to get ahead at school, something happens that hinders me
17. For me there is no sense in trying hard at school because I won't achieve very much
18. Most of my teachers have a high opinion of me
19. I think that most of my teachers like me
20. I'd rather not think of all those things that will happen to me in the future
21. I have the feeling that all the doors for my future are open
22. I'm rather pessimistic when I think of my future
23. I often think that I am not as smart as my classmates
24. Although I often try very hard I don't master things that others do easily
25. I wish I were as smart as others are
26. When the worksheets for a test are handed out (distributed) I usually feel my heart beat strongly
27. Before examinations I often have butterflies in my stomach and feel as if I have stomach-ache
28. If I encounter difficulties in examinations I easily feel discouraged and get anxious about having bad grades
29. I often cannot sleep at night because I worry about examinations

Answer categories

1	*2*	*3*	*4*
Strongly agree	*Agree*	*Disagree*	*Strongly disagree*

30. I certainly feel useless at times
31. On the whole I am satisfied with myself
32. I feel that I have a number of good qualities
33. At times I think I am no good at all

Answer categories

1	*2*	*3*	*4*
Never	*Not very often*	*Often*	*Always*

34. I can really pay attention in class
35. When it comes down to it, I can really work hard at school
36. If I decide to, I can listen very carefully to what my teacher says
37. I have a hard time making myself listen carefully to my teachers
38. It's hard for me to really put in enough effort at school
39. I have trouble paying attention in class
40. If you think of all your classmates, how do you judge your ability to do well at school?

    very good +4
    +3
    +2
    +1
    class average 0
    –1
    –2
    –3
    very bad –4

41. If you think of all the pupils of your age (even of those at different types of schools) how would you judge your ability to do well at school?

    very good +4
    +3
    +2
    +1
    age average 0
    –1
    –2
    –3
    very bad –4

42. Not all pupils feel equally comfortable (well) at school. If you consider your whole situation at school, how well do you feel?

    I feel very well at school +4
    +3
    +2
    +1
    I feel neither very well nor uncomfortable at school 0
    –1
    –2
    –3
    I feel very uncomfortable at school –4

◆ ***The race***

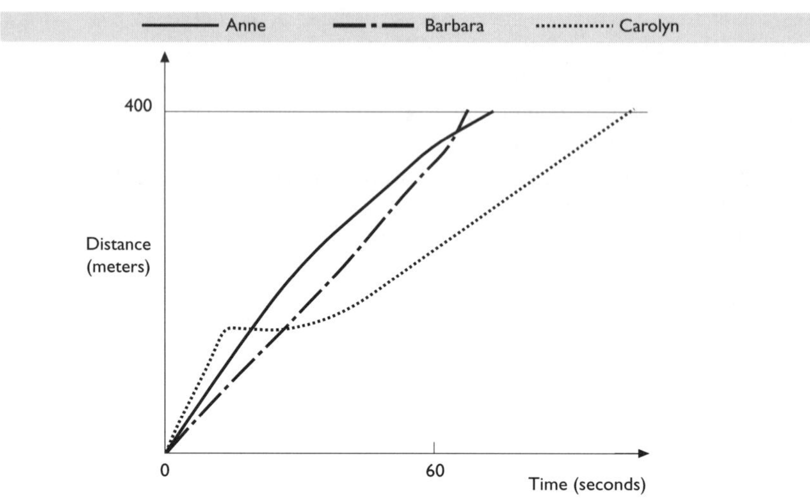

Source: OECD (1995*c*).

This figure describes what happens when three athletes, Anne, Barbara and Carolyn, run a 400-meter race.

Imagine that you are the commentator. Describe what is happening as carefully as you can. You do not need to measure anything accurately. You should take no more than 10 minutes to write your description.

INSTRUMENT FOR DOMAIN 2 AND DOMAIN 4: PROBLEM-SOLVING AND COMMUNICATION

PLAN A TRIP

An integrated task

This activity requires you to do a number of different things including reading and answering question about what you have read. You will also be asked to write a report based on information presented to you in the form of letters, advertisements, timetables and maps. Your work will be judged on the basis of your communication and problem-solving skills.

You are a member of the Planning Committee of your local Community Youth Club. The Planning Committee is made up of six of the 30 Youth Club members and is responsible for organising the social activities, athletics, and volunteer work for the Club. The Club members range from 13 to 16 years in age and come from different social, economic and cultural backgrounds. For example, some of the members are recent immigrants, two of the members are foreign exchange students and one member is confined to a wheelchair.

The Club has a one-day outing or social event at the end of every summer. The Director of the Club has allowed $300 to cover all costs, including transportation, admission fees, tickets for events, equipment rental, food and refreshments, for all of the Club members. The event will take place on Saturday August 25th. On this day, members will meet after breakfast at the Community Recreation Centre, the Club's headquarters, and will be back in time to have dinner at home.

Over the summer, the Club has collected brochures, advertisements, maps and other items that will help in planning the event. Last week, the Planning Committee as a whole quickly sorted through the information and eliminated items that were obviously inappropriate for their end-of-summer event. The information that was not eliminated is included in this package. You have been elected by the other members of the Planning Committee to review this information. Carefully plan the activities in detail and then present the options to the rest of the Planning Committee in the form of a written report so that the Committee can make arrangements. In your report you should indicate if one option is better than another, and why.

Before you begin to prepare your report, please answer the following six questions. You should spend approximately five minutes on the five multiple choice questions and ten minutes on question 6.

Choose the best response to complete the sentences by circling the appropriate letter.

***1. In my report I should have*:**

a) plans for the best activity

b) plans and arrangements for the best activity

c) plans and arrangements for several activities

d) plans for several activities

2. My report will be presented to:

a) members of the Youth Club

b) members of the Planning Committee

c) the director of the Youth Club

d) none of the above

3. I am writing the report so that I can:

a) inform the Planning Committee of the activity or activities that I want to undertake for the end-of-summer event

b) inform the Youth Club of the activity or activities that I want to undertake for the end-of-summer event

c) inform the Planning Committee of the activity or activities that could be undertaken for the end-of-summer event

d) inform the Youth Club of the activity or activities that could be undertaken for the end-of-summer event

4. A week ago the members of the Planning Committee:

a) decided to organise and arrange the end-of-summer event

b) decided to collect information for the end-of-summer event

c) decided to limit the possibilities for the end-of-summer event

d) decided to appoint me to plan the end-of-summer event

5. The Planning Committee:

a) definitely eliminated all inappropriate information

b) may have eliminated inappropriate information

c) did not eliminate inappropriate information

d) definitely eliminated some inappropriate information

6. List everything that you will consider when examining the information provided:

When you look at your list you may notice that some things are similar to each other. Group the similar items; you may want to organise these groups.

Remember that you should spend approximately 10 minutes on this question.

7. In the remaining time, carefully consider all the information provided. You should allow approximately 20 minutes to write the report.

Come and cheer for your team!

NORWOOD CITY FOOTBALL CHAMPIONSHIPS

SATURDAY, AUGUST 25 AT COLUMBIA STADIUM!

YOUTH FINAL AT 10:30 AM **MEN'S FINAL AT 2:30 PM**

SPECIAL ENTERTAINMENT BETWEEN THE GAMES

The Benson family travelling jugglers
High school band
Performances and competition
and more!

Admission: $3.00 ($2.00 with your student ID card)

Columbia Stadium
700, Trembly Drive
Norwood, BC
555-7664

Restrooms and stadium seats are wheelchair accessible.
Please call in advance to reserve wheelchair seating.

COLUMBIA STADIUM
CONCESSION STAND

Deluxeburger	**$3.95**
Cheeseburger	**$4.50**
Fish sandwich	**$4.50**
Chicken strips	**$3.25**
French fries	**$1.25**
Ice cream	**$1.00**
Soft drinks	**$1.25**

Columbia Stadium
700, Trembly Drive
Norwood, BC
555-7664

Restrooms and stadium seats are wheelchair accessible.
Please call in advance to reserve wheelchair seating.

WOODLANDS
WILDLIFE AND BIRD SANCTUARY

Mrs. M.R. Lee
Program Director
Community Recreation Center
123 Charles Street
Norwood, BC

Dear Mrs. Lee:

A change in the seasons means new attractions for visitors to Woodlands Wildlife and Bird Sanctuary. The staff at Woodlands has planned many activities for the next few months. We hope you will share this information with others at the Community Recreation Center.

We are very proud of the new additions to our game farm. We have recently added wood buffalo, Bactrian camels, llamas, and ten species of reptiles to our large collection of exotic birds and animals. Admission to the grounds includes a guided tour through the game farm where you can watch the animals roaming in their enclosed areas. It also includes the petting zoo and reptile house.

Some new hiking trails will take visitors through the marshlands and nesting grounds. There you will have the chance to see many species of birds in their natural habitat. The hiking trails are marked with signs describing each type of bird you are likely to see. The trails are planned for photographers and bird watchers.

You can now end the afternoon with a barbecue. For $10.00 per person, you can enjoy your choice of steak, fish or chicken, with baked potatoes or French fries, salad, dessert and tea, coffee, or soft drinks. Please reserve two days in advance for the barbecue. A covered picnic area is available for those packing their own lunch.

The gates to the Woodlands grounds open at 10.00 a.m. and close at 8.30 p.m. To reach the main entrance at Lentil Avenue and Broad Street, drive west on Main Street or take the 41 bus from the downtown bus depot. Admission is $6.00 per person, half-price for children under the age of 12. Parking is free. For more information or reservations for the barbecue, please call our office at 555-7812.

Hope to see you soon at Woodlands!

Yours sincerely,

R. Curtis.

SHELLEY BISHOP – HARP

School and community tour

This much acclaimed artist will come to your school, church or community youth group and perform favorite works of European classical and folk music, carefully selected with a younger audience in mind. Also, she has made a number of special arrangements of popular music, which never fail to please.

No special facilities are required except a room of sufficient capacity to seat the expected audience.

Works to be performed will include:

Haydn: Sonata 2 for piano (arranged for harp).
Mozart: Divertimento 1 (arranged for harp).
Handel: Harp Concerto (arranged for solo harp).
Celtic harp music from Wales and Scotland.

A 90-minute concert followed by a question-and-answer period and a chance to meet the musician can be arranged for only $200.

For further information please contact:

Arthur Pelley
"Artists Unlimited"
Telephone: (302) 989-2211

FANTASY FUN FAIR

AMUSEMENT PARK

We have just expanded our arcade
by adding more of your favorite video games!

NOW

Not only can you experience the most **exciting**
the most **thrilling** the most **scary** rides
in our **fun fair**

BUT

In the **electric alley arcade** you can also play
the **newest** and most **technically awesome**
video games available, including **virtual reality!**

OPEN 10 A.M. TO 1 A.M. EVERY DAY!

ADMISSION*
(includes admission to Electric Alley)

Adult: **$10.00**
Students: **$7.50**
Children under 12: **$5.00**
Senior citizens: **$5.00**

*Ride tickets extra.
Average number of tickets needed per ride is four.
Single tickets: $1.50. Book of 25: $35.00.

FANTASY FUN FAIR AMUSEMENT PARK
101, Ocean Drive, Norwood, BC
555-5436

Bus schedule

Fares: valid for 90 minutes one way
Adult: $1.25
Student: 80c
Child: Free (age 11 and under)
Senior citizen: 80c

21 EAST/WEST

Route: (west ⟶) Downtown Depot, Kitchener, Laurel, Ocean, Cedar, Birch, Elm, Kitchener to Depot (⟵ east).
First buses depart 7.00 am, depart every 30 minutes until 11.30 pm.
Wheelchair accessible buses depart on the odd hour.

Lv. Depot ⟶ West	Lv. Lentil and Elm	Lv. Ocean and Cedar	Ar. Depot
7.00 am	7.05 am	7. 15 am	7.30 am

Lv. Depot ⟶ East	Lv. Laurel and Birch	Lv. Ocean and Cedar	Ar. Depot
7.00 am	7.07 am	7.20 am	7.30 am

31 NORTH/SOUTH

Route: (north ⟶) Downtown Depot, Kitchener, Laurel, Newart, Smith, Main, Trembly, Ocean, Charles, Kitchener to Depot (⟵ south).
First buses depart 7.00 am, depart every 30 minutes until 11.30 pm.
Wheelchair accessible buses depart on the even hour.

Lv. Depot ⟶ North	Lv. Newart and Smith	Lv. Ocean and Charles	Ar. Depot
7.00 am	7.08 am	7. 20 am	7.30 am

Lv. Depot ⟶ South	Lv. Ocean and Charles	Lv. Newart and Smith	Ar. Depot
7.00 am	7.10 am	7.22 am	7.30 am

41 NORTH/SOUTH

Route: (north ⟶) Downtown Depot, Kitchener, Elm, Pemberton, Broad, Newart, Joyce, Kitchener, Broad, Lentil, Joyce, Kitchener to Depot (⟵ south).
First buses depart 7.00 am, depart every 30 minutes until 11.30 pm.
Wheelchair accessible buses depart on the odd hour.

Lv. Depot ⟶ North	Lv. Broad and Newart	Lv. Broad and Lentil	Ar. Depot
7.00 am	7.10 am	7. 20 am	7.30 am

Lv. Depot ⟶ South	Lv. Broad and Lentil	Lv. Broad and Newart	Ar. Depot
7.00 am	7.10 am	7.20 am	7.30 am

◆ *Map*

B: Bus depot **C**: Amusement Park **S**: Stadium **F**: Fantasy Fun **M**: Wildlife Sanctuary

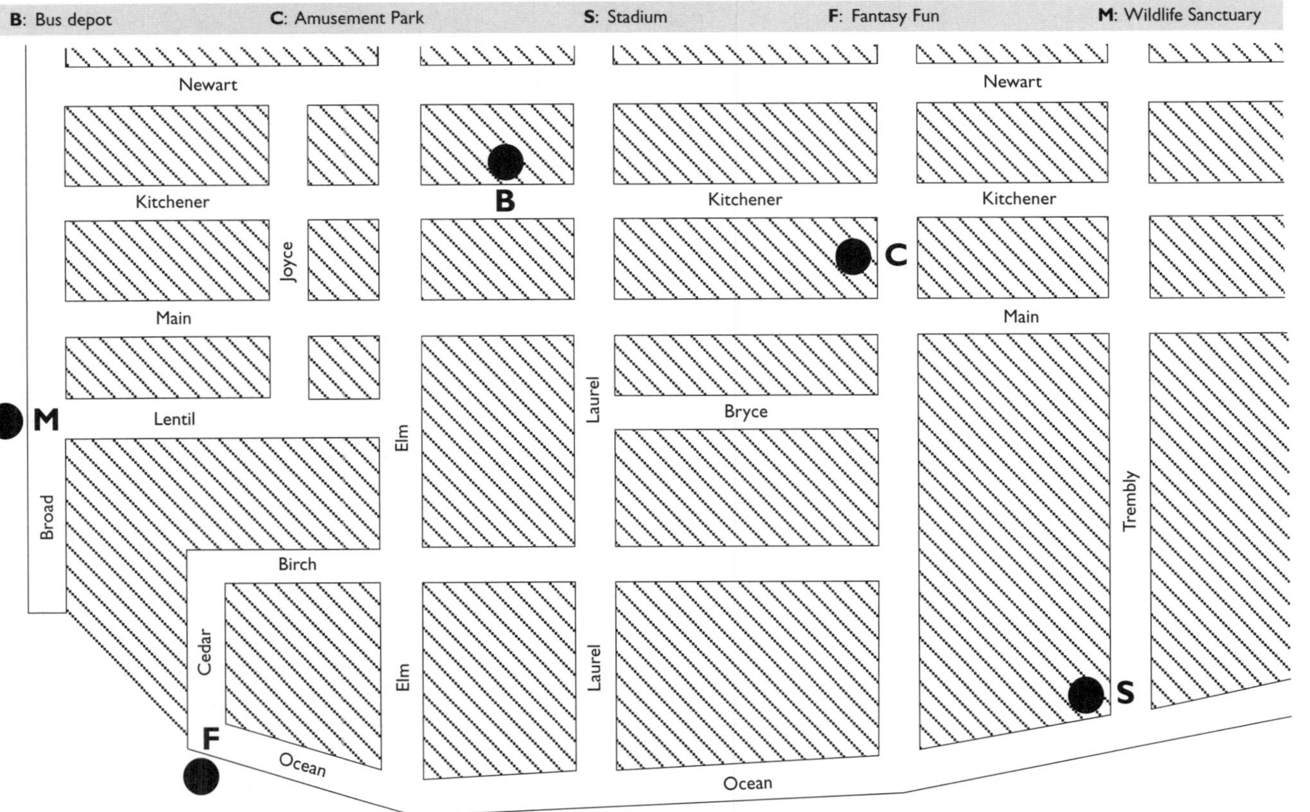

Source: Author for the OECD.

STUDENT QUESTIONNAIRE

When you have finished the activity, please answer the following questions by circling the best response:

A. *Did you like working on this assignment?*
   1. Very much
   2. Somewhat
   3. Not much
   4. Not at all

B. *How pleased were you with the report that you wrote?*
   1. Very much
   2. Somewhat
   3. Not much
   4. Not at all

C. *Did the problems in this assignment seem to reflect real life in your opinion?*
   1. Very much
   2. Somewhat
   3. Not much
   4. Not at all

D. *Did you find that you had enough time to complete the assignment?*
   1. Yes, more than enough
   2. About enough
   3. Not quite enough
   4. Not nearly enough

E. *How difficult did you find the material to read?*
   1. Very difficult
   2. Somewhat difficult
   3. Not particularly difficult
   4. Not difficult at all

4

DATA ANALYSIS AND SCALE CONSTRUCTION

INTRODUCTION: FROM MERCURY TO PLUTO

In this chapter the data analyses are reported. The main goal is to see whether the various tasks and batteries of items to which students were exposed will allow reliable instruments to be developed in the four domains. As the only goal is instrument construction, there is no need for the samples of the participating countries to be representative. The goal is not – yet – to compare countries. The highly selective samples as we have applied them are only useful for instrument development. All participants agreed at the outset that no effort would be made to use these instruments as a basis for comparison between countries. To reduce the risk of unjustified comparisons between the nine countries and communities, they have been labelled as planets of our solar system. In each domain several instruments will be tested according to a standard methodology.

Attention is given first to **Domain 1**, Politics, Economics and Civics, next to **Domain 3**, Self-Perception/Self-Concept and lastly to the combined **Domains 2 and 4**, Problem-Solving and Communication. Problem-Solving and Communication skills were measured with an integrated task on which joint analyses were done.

Unless mentioned otherwise, for each of the analyses that were conducted only students with no (valid) response to one or more items included in that particular analysis were excluded (listwise deletion).

Our methods to develop scales and examine the stability of those scales involved two steps. Firstly, the reliability of the scales across countries was compared. The standards applied follow the guidelines accepted by the OECD Network A on educational outcome indicators (Phillips, 1993). Values for Cronbach alpha of 0.80 were considered desirable with values of 0.70 as the lower limit of suitability. Scales with reliabilities lower then 0.70 were considered (slightly) problematic while reliabilities lower then 0.60 were found unacceptable. These standards may seem to be relatively high, but it must be kept in mind that future country comparison on the basis of instruments with low reliabilities is not particularly useful. Secondly, reliabilities for subgroups within countries were compared. These subgroups are divided by gender, educational track and level of urbanisation, all as far as possible and appropriate. Where differences between alphas for subgroups exceed 0.10 they are mentioned in the text.

Although the criteria are set high, one must be prepared to be too successful: for each domain, various good quality instruments may be found. If that happens, a new issue arises, namely how to select the most relevant or promising instruments, or possibly how to combine different scales into a new one. For the moment it may suffice to conclude that this is an issue of a quite general nature in indicator building which will be addressed in more general terms in Chapter 5.

The most important details on whether scales meet scientific standard are given in the following tables. Full information on reliabilities for subgroups can be found in Appendix 4, p. 94. More information – such as distributions for specific items – is available upon request.

DOMAIN 1: POLITICS, ECONOMICS AND CIVICS[4]

The instrument for Domain 1 contained a total of 56 items. On the basis of item content and scales which other investigators had used, seven scales were developed. Strategies for analysis and results for each of these scales are given in the following overview.

Knowledge (see Table 2)

Twelve knowledge items about economics, politics and democracy were included. In general terms, acceptability of such items can be judged in two ways. Firstly, one can argue that the items refer to a basic set of knowledge required by students when they leave school. Judgements of the items are then mainly based on item content and coverage of the domain, rather than on any empirical criterion.

Table 2. **Scale: Knowlege**

	Reliabilities			Features	
	Total sample	Girls	Boys	Mean	Standard deviation
Mercury	0.658	0.650	0.650	5.87	2.39
Venus	0.548	0.480	0.576	7.17	1.93
Earth	0.703	0.690	0.718	6.28	2.51
Mars	0.498	0.453	0.455	7.52	1.92
Jupiter	0.656	0.656	0.650	7.48	2.46
Saturn	0.649	0.632	0.639	7.03	2.08
Uranus	0.589	0.535	0.568	8.01	1.91
Neptune	0.635	0.649	0.574	6.60	2.22
Pluto	0.509	0.524	0.494	7.35	1.92

Source: Author for the OECD.

Secondly, one can analyse the actual data to find out whether a scale can also be composed from the items. The issue of item content will be revisited in the concluding remarks. We focus here on the second strategy as this chapter deals with data analysis.

For the twelve knowledge items, students were explicitly asked to leave the answer blank if they were not sure which answer was the right one. Missing responses were included in the analyses as if they were wrong answers.

One item – on the difficulty of proving advertising claims – was deleted because of ambiguous answer categories and, therefore, relatively low item-total correlations. Scales with the remaining eleven items showed Cronbach alphas ranging from 0.47 to 0.70. Analysis with distracters, including no answer, showed no consistent patterns across countries.

The reliability of the scale was further examined by means of three breakdowns within countries. Firstly by gender: the largest difference between alphas for boys and girls was 0.10, but this referred to a case in which gender and educational level were not independent. Secondly by educational level (where appropriate): in four out of six countries the difference between alphas for separate tracks exceeds 0.10, with the lower tracks showing the higher alphas. Thirdly by level of urbanisation (where appropriate): in two out of four countries the difference between alphas for rural and urban areas exceeds 0.10 with urban areas showing the higher alphas.

An attempt was made to divide the items into two scales: one representing economic knowledge, the other knowledge about politics and democracy. For the economics scale, values of alpha ranged from 0.27 to 0.49. The scale on political and democratic knowledge showed values ranging from 0.21 to 0.65. Given these low reliabilities the option to divide the knowledge scale into two subscales was not pursued any further.

We also examined whether the items can be (unidimensionally) ordered by difficulty. The method we applied is based on item-response theory (IRT) and called Mokken scaling for polychotomous items (Debets and Brouwer, 1989). The results showed that at most only a very weak scale could be derived at. Further refined scaling analyses were therefore not pursued.

Conclusion

For purposes of developing CCC indicators, items on knowledge about economic, political and democratic issues are of great importance. The reliabilities that were found shed some doubt on whether an actual scale can be developed. However, if the items are considered to reflect a minimum or required level of knowledge, single item scores are more important than developing a scale. In that case items have to be judged on the basis of content and coverage. The results of the pilot show that some of the items may be too difficult, which is indicated by relatively low proportions of students with correct answers and higher reliabilities for the lower tracks. Suggestions for improvement include adding items to the instrument as well as reconsidering the areas covered by the items. Conducting (focus-group) interviews with students of the targeted age-group may be very helpful for further development.

Women's rights (see Table 3)

Six items relating to women's rights were included in the instrument. Scale analyses showed high reliabilities for these items across countries, ranging from 0.70 to 0.85.

Table 3. **Scale: Women's rights**

	Reliabilities			Features	
	Total sample	Girls	Boys	Mean	Standard deviation
Mercury	0.810	0.667	0.831	24.66	4.43
Venus	0.754	0.458	0.781	25.57	4.11
Earth	0.851	0.677	0.854	25.56	5.05
Mars	0.697	0.554	0.660	23.07	4.05
Jupiter	0.791	0.673	0.808	26.11	3.91
Saturn	0.771	0.546	0.777	25.02	4.25
Uranus	0.718	0.505	0.801	26.38	3.49
Neptune	0.809	0.570	0.821	25.43	4.47
Pluto	0.808	0.649	0.827	24.89	4.55

Source: Author for the OECD.

The stability of the scale was further examined by means of three breakdowns within countries. Firstly by gender: except for one country, reliabilities found for women are lower than those found for men. The response pattern of women shows consistently less variance than that for men, so that this result points to a kind of "ceiling effect". Breakdowns by level of education and level of urbanisation showed mainly small differences with no consistent patterns across countries.

Conclusion

The six items on women's rights do comprise a scale with acceptable levels of reliability across countries. Further breakdowns within countries show great stability except in the case of gender.

Value of criticism (see Table 4)

Six items relating to the value placed on freedom to criticise the government were included in the instrument. Scale analyses showed high reliabilities for these items across countries, ranging from 0.69 to 0.78.

Table 4. **Scale: Value of criticism**

	Reliabilities			Features	
	Total sample	Girls	Boys	Mean	Standard deviation
Mercury	0.781	0.785	0.771	24.84	3.23
Venus	0.737	0.718	0.744	25.94	3.23
Earth	0.775	0.688	0.719	24.87	3.76
Mars	0.689	0.631	0.682	24.48	3.26
Jupiter	0.728	0.730	0.743	26.34	3.03
Saturn	0.723	0.689	0.748	25.43	3.11
Uranus	0.777	0.777	0.767	25.88	3.32
Neptune	0.747	0.745	0.785	24.89	3.56
Pluto	0.718	0.683	0.731	25.33	3.18

Source: Author for the OECD.

Scale analyses were broken down by three variables – where appropriate – within each country to further examine the stability of the scale. All these analyses showed only slight differences with no consistent patterns across countries.

Conclusion

The six items on value of criticism do comprise a scale with acceptable levels of reliability within and across countries.

Future confidence

The instrument for Domain 1 contained five items on future confidence, that is, the confidence students have in the future. Scale analyses showed Cronbach alphas ranging from 0.47 to 0.60. Because of these low reliabilities and because Domain 3 contained items based on a related concept, these items were included in analyses of Domain 3.

Conclusion

The five items on future confidence did not allow for development of an acceptable scale and were transferred to Domain 3 for further analysis.

Political self-confidence (see Table 5)

The instrument also contained four items enquiring into the political self-confidence of students. Scale analysis of these four items showed Cronbach alphas ranging from 0.64 to 0.75.

Table 5. **Scale: Political self-confidence**

	Reliabilities			Features	
	Total sample	Girls	Boys	Mean	Standard deviation
Mercury	0.751	0.777	0.659	12.74	2.61
Venus	0.736	0.791	0.708	13.27	3.08
Earth	0.735	0.745	0.727	14.01	2.91
Mars	0.747	0.733	0.764	12.34	2.66
Jupiter	0.639	0.688	0.561	12.57	2.36
Saturn	0.665	0.625	0.710	11.80	2.57
Uranus	0.724	0.697	0.725	12.85	2.76
Neptune	0.751	0.773	0.716	11.78	3.03
Pluto	0.741	0.756	0.717	11.77	3.12

Source: Author for the OECD.

The stability of the scale was further examined by means of three breakdowns within countries. Breakdowns by gender resulted in alphas differing more than 0.10 in two cases for which no immediate explanation could be found. Breakdowns by level of education resulted in alphas differing by more than 0.10 in two cases. These differences may to some extent be attributed to the applicability of class and/or school elections of which mention is made in two of the items. Breakdowns by level of urbanisation showed only small differences with no consistency across countries.

A relatively high proportion of students opted for the "don't know" category of these items, which may have a confounding effect on the results. Analyses leaving this category out showed consistently higher reliabilities, now ranging between 0.76 and 0.86. These results also point to possible adaptations of the answer categories that might make the scale stronger.

Conclusion

With the four items on political self-confidence a scale with acceptable levels of reliability across countries could be developed. Further breakdowns within countries show considerable stability. However, the scale may be less strong in countries or tracks where class and/or school elections are less common. As the number of items (four) is rather small, it is suggested that two items be added to the scale if it is to be used. Reliabilities may further be enhanced by excluding the "don't know" answer category.

Tolerance (see Table 6)

Eight items were included relating to tolerance of students towards other students, for example students who have difficulties in learning. It soon became clear that the two negatively formulated items had to be analysed separately. The remaining six items showed Cronbach alphas ranging from 0.67 to 0.78 across countries. However, this type of analysis was found not entirely appropriate for these items, which is why we adopted Mokken scaling for polychotomous items (Debets and Brouwer, 1989). This type of analysis can best be understood as the ordinal counterpart of the better known interval Rasch model. The scalability coefficient for Mokken scaling is Loevinger's H. Values of H lower than 0.30 indicate that there is no scale at all. Values of H between 0.30 and 0.40 point to weak scales while values between 0.40 and 0.50 are evidence of medium scales. A strong scale is indicated by values of H higher than 0.50, but such high values are very rare in practice.

Table 6. **Scale: Tolerance**

	Loevinger's H			Features	
	Total sample	Girls	Boys	Mean	Standard deviation
Mercury	0.44	0.44	0.46	13.25	1.84
Venus	0.46	0.50	0.44	13.66	2.14
Earth	0.43	0.44	0.44	11.94	2.22
Mars	0.44	0.43	0.43	12.66	1.86
Jupiter	0.51	0.51	0.51	13.02	1.88
Saturn	0.44	0.40	0.50	13.16	1.92
Uranus	0.43	0.45	0.40	14.02	2.11
Neptune	0.47	0.41	0.48	13.68	2.31
Pluto	0.37	0.36	0.38	14.37	1.87

Source: Author for the OECD.

Mokken scaling for the six positively worded items resulted in values for Loevinger's H ranging from 0.37 to 0.51, indicating good scales. Breakdowns by gender, level of education and urbanisation showed some – inconsistent – variations. Yet the actual values confirm the good properties of this scale.

Conclusion

The six positively formulated tolerance items can be considered a good scale on the basis of IRT modelling. Suggestions have been made to add more negative items so that a separate scale might be derived.

Political discussion and participation (see Table 7)

Five sets, each of three items, were included to measure the degree to which students discuss and participate in political issues. These fifteen items show consistently high reliabilities across countries with Cronbach alphas ranging from 0.79 to 0.88. Breakdowns within countries show great stability with alphas only differing to minor extents and with no consistent patterns across countries.

Table 7. **Scale: Political discussion and participation**

	Reliabilities			Features	
	Total sample	Girls	Boys	Mean	Standard deviation
Mercury	0.841	0.838	0.847	35.63	8.19
Venus	0.820	0.819	0.832	34.41	8.02
Earth	0.880	0.878	0.883	34.50	9.77
Mars	0.847	0.867	0.827	34.87	7.99
Jupiter	0.839	0.823	0.850	31.82	7.91
Saturn	0.811	0.821	0.797	32.10	7.55
Uranus	0.816	0.810	0.830	35.70	7.59
Neptune	0.853	0.868	0.838	30.26	7.88
Pluto	0.788	0.782	0.796	36.75	7.80

Source: Author for the OECD.

Given the number of items for the scale (fifteen), the question must be raised whether a more efficient scale is possible. On the basis of symmetry of content, three items relating to people out of work were therefore excluded. Reliabilities for the remaining twelve items ranged from 0.79 to 0.86 across countries.

Conclusion

The fifteen items measuring political discussion and participation do comprise a scale which is stable across and within countries. Improvement may be possible by making the content of the items more symmetrical. Three items relating to people out of work can then be deleted and one item can then be added on media usage in relation to environmental issues.

Conclusion for Domain 1: Politics, Economics and Civics

On the basis of the analyses it has been possible to develop at least five scales that meet good to excellent standards in all countries: women's rights, value of criticism, political self-confidence, tolerance, and political discussion and participation. The knowledge instrument is highly relevant, but needs to be improved.

The very fact that these instruments are now available is nothing less than an important achievement in itself, and partly reflects the state of the art in this domain. Now that the question of whether instruments can be developed has been resolved, a second issue arises: which one to choose for the construction of indicators. We shall return to this issue in Chapter 5.

DOMAIN 3: SELF-PERCEPTION/SELF-CONCEPT[5]

Especially in this domain, responses to items may have been influenced by some of the differences between the instruments that were used in the participating countries. The order of the items differed in one country to make them fit into a more extended questionnaire. The order of the answer categories was reversed for some items in a few other countries. Aberrations between distributions across countries can in some cases be related to a (slightly) changed content of the item as a result of translation.

With the aim of developing reliable scales which are stable across and within countries, our strategy for analysis in this domain involved a combination of three ways of grouping items. Firstly, items were grouped a priori on the basis of the original instruments from which they were derived. As in many cases the number of items from the same original instrument was rather small (three or four) this approach could not always be used. Items were therefore also grouped a priori on the basis of their content across original instruments. The third approach entailed a posteriori grouping of items on the basis of factor analysis.

The following overview of the resulting scales also gives an account of the process by which each of these scales was derived.

Persistence (see Table 8)

Items relating to effort, persistence, working and learning habits were derived from several different existing instruments. Because of the small number of items from each of the original instruments, analysis on the basis of these original instruments was not suitable. Nineteen items from several instruments were identified as associated to a related underlying concept of "persistence". Factor analysis performed on these nineteen items showed two largely similar factors for each country. Endeavours with the first factor are described here, while results for the second factor are mentioned under the following section on agency beliefs/effort.

Table 8. **Scale: Persistence**

	Reliabilities			Features	
	Total sample	Girls	Boys	Mean	Standard deviation
Mercury	0.823	0.813	0.821	19.44	5.00
Venus	0.813	0.798	0.816	18.11	5.10
Earth	0.776	0.800	0.738	17.35	5.29
Mars	0.789	0.812	0.737	19.79	5.16
Jupiter	0.807	0.817	0.789	19.11	5.54
Saturn	0.820	0.829	0.796	19.59	5.35
Uranus	0.800	0.806	0.792	19.39	5.18
Neptune	0.811	0.792	0.824	18.85	5.44
Pluto	0.805	0.799	0.791	16.87	5.35

Source: Author for the OECD.

Eleven items were part of the first factor in one or all countries. Starting with these eleven items, a series of consecutive reliabilities were performed with the aim of deleting items with low item/total correlations across countries while keeping Cronbach alphas high. This process resulted in a scale comprised of seven items with alphas ranging between 0.78 and 0.82.

Breakdowns by gender and level of urbanisation showed no important differences in reliability for this scale. When it was broken down by level of education, however, differences exceeding 0.10 were found in two cases, with the lower tracks showing the lower values.

Conclusion

It was possible to develop a scale measuring persistence with seven items. The resulting scale shows high and stable reliabilities across and within countries.

Agency beliefs/effort (see Table 9)

Six items derived from a scale on agency beliefs by Skinner/Chapman and Baltes were included in the factor analysis as described in the previous section. The goal was to find out whether items could be grouped differently in order to find (other) stable and reliable scales. Yet, in all countries the original scale on agency beliefs clearly appeared as the second factor. Scale analysis with these six items shows Cronbach alphas ranging from 0.75 to 0.80.

Table 9. **Scale: Agency beliefs/effort**

	Reliabilities			Features	
	Total sample	Girls	Boys	Mean	Standard deviation
Mercury	0.747	0.745	0.752	17.88	2.52
Venus	0.780	0.756	0.785	17.57	2.99
Earth	0.745	0.747	0.741	17.98	3.30
Mars	0.766	0.790	0.739	17.59	3.04
Jupiter	0.750	0.748	0.759	16.95	2.90
Saturn	0.803	0.835	0.763	16.01	3.13
Uranus	0.780	0.786	0.763	17.34	2.89
Neptune	0.795	0.824	0.773	18.11	3.11
Pluto	0.771	0.747	0.783	18.07	3.18

Source: Author for the OECD.

When the scale was broken down by gender and level of urbanisation, the reliabilities that were found indicate that the scale is very stable across these contexts. However, breakdown by educational level revealed differences between Cronbach alphas in excess of 0.10 in two cases. As for the first scale in this domain, in these two countries lower values of Cronbach alpha were found for the lower tracks.

Conclusion

A selection of six items from an original scale measuring agency beliefs/effort shows high and stable reliabilities across and within countries.

Perceived ability (see Table 10)

The instrument for Domain 3 included a total of six items attempting to measure students' perception of their own academic ability compared with that of other students. Three items – with four answer categories – were derived from an existing scale on self-concept of academic abilities. The other three are so-called anchor items and have nine answer categories. Factor analysis in which these items were included showed in some countries separate factors for each set of three items, while in other countries different combinations were found.

Table 10. **Scale: Perceived ability**

	Reliabilities			Features	
	Total sample	Girls	Boys	Mean	Standard deviation
Mercury	0.678	0.685	0.654	13.18	3.25
Venus	0.651	0.680	0.632	12.90	3.13
Earth	0.702	0.696	0.694	13.78	3.38
Mars	0.672	0.713	0.636	13.67	3.18
Jupiter	0.633	0.618	0.587	14.00	2.95
Saturn	0.599	0.595	0.613	14.55	3.58
Uranus	0.700	0.718	0.621	12.97	3.32
Neptune	0.776	0.806	0.707	13.50	3.49
Pluto	0.653	0.669	0.623	13.06	3.29

Source: Author for the OECD.

Scale analysis made clear that a combined scale is more stable and reliable across countries than each of the separate scales. For the purpose of combining the six items in one scale, the nine answer categories of the anchor items were converted into four answer categories on the basis of their distributions. Furthermore, one anchor item was deleted on the basis of content, which also resulted in higher values of Cronbach alphas. With the remaining five items a scale was developed with reliabilities ranging from 0.60 to 0.78 across countries.

Breakdowns for subgroups pointed to reasonable stability of the scale across contexts although in some cases differences between Cronbach alpha exceeded 0.10. This was the case for gender groups in Neptune but the actual values are comparatively high. In three cases notable differences were found when the samples were broken down by educational level, although the direction for these differences was not clear-cut.

Conclusion

With a combination of five items a scale of perceived ability was developed which is reasonably reliable and stable across and within countries. Improvement may be possible by synchronising answer categories for the items.

Self-acceptance (Rosenberg items)

A selection of four items from the original Rosenberg scale (1965) of 10 items was also included in the instrument. No alternative grouping of items was found in any of the factor analyses in which these four items were included. Scale analysis with these four items resulted in Cronbach alphas ranging from 0.54 to 0.74 across countries.

Breakdowns by gender reveal notable differences in reliabilities in three countries while breakdowns by educational level show such differences in two cases. The actual values drop below 0.50 in some of these cases, which causes concern. Results are therefore not included here but can be found in Appendix 4, p. 94.

Conclusion

A selection of four items from the original Rosenberg scale of self-acceptance shows some acceptable and some problematic reliabilities across and within countries. Improvement may be possible by extending the number of items from the original scale.

Test anxiety

This instrument of Domain 3 comprised a selection of four items from an original scale on test anxiety. As for the Rosenberg items, no alternative grouping was found in any of the factor analyses in which these four items were included. Scale analysis with these four items resulted in Cronbach alphas ranging from 0.57 to 0.73 across countries.

Breakdowns by gender reveal notable differences in reliabilities in two countries while breakdowns by educational level show such differences in another two cases. In yet another case notable differences were found between students living in urban and rural areas. The actual values drop below 0.50 for some of these subgroups, which causes concern. Results are therefore not included here but can be found in Appendix 4.

Conclusion

A selection of four items from an original scale on test anxiety shows some acceptable and some problematic reliabilities across and within countries. Improvement may be possible by including more items from the original scale.

Other scales

For the remaining items different results were found with the approaches that were applied. Six items derived from two original instruments measuring self-efficacy were combined into one scale showing reliabilities ranging from 0.43 to 0.65 across countries.

A different *a priori* grouping across instruments divided items into two other scales. One scale relates to students' perception of teachers and shows values of Cronbach alpha ranging from 0.39 to 0.66. The other scale on future orientations combined items of Domain 3 with items from Domain 1 mentioned earlier. With the resulting scales, reliabilities no higher than 0.49 to 0.62 were found across countries.

Factor analyses in which these items were included did not give any clues as to a better way of grouping them.

Conclusion

Items not yet included in any of the scales in this domain which have already been mentioned were grouped in different ways. However, none of the approaches adopted resulted in scales sufficiently reliable and stable across countries.

Conclusion for Domain 3: Self-Perception/Self-Concept

In this section the instruments for Domain 3 have been examined. The analyses show that there are at least three scales with good to excellent quality across countries: persistence, agency beliefs/effort and perceived ability. These scales may need to be fine-tuned to bring them even closer to the standards needed for international indicator purposes. Another two instruments – self-acceptance and test anxiety – have only moderate reliability and will need improvement to qualify for indicator purposes. This could be done by revision and/or inclusion of more items in order to improve reliability.[6]

In judging these results it must be kept in mind that the reliability of instruments generally improves with test length, but longer tests take more time. For the practical implementation of indicators it may therefore be helpful to calibrate the instrument and search for the optimum balance between test length and reliability.

DOMAIN 2: PROBLEM-SOLVING AND DOMAIN 4: COMMUNICATION[7]

The integrated task "Plan a Trip" was tried out during the pilot with the aim of measuring problem-solving and communication skills.[8] The questions included can be described briefly as follows (for an extensive overview see Chapter 3). The first set of questions referred to an introductory text. These questions enabled us afterwards to find out how clear the aim of the task was to students. The two core questions that followed were the main basis for the assessment of problem-solving and communication skills. The first core question asked the students to make a list of considerations they would take into account before they started the actual task. The other core question invited students to write a report. At the end of the task students were asked about their experiences with the task, including their motivation and perception of time and difficulty. These last five questions were included to facilitate interpretation afterwards.

Experiences during the fieldwork showed up some difficulties with the administration of the instrument. Observations made by test administrators indicated that several students – especially those in the lower educational tracks – had great difficulty in completing the task. Mention was also made of lack of motivation and insufficient time.

A first glance at the data showed that within each of the countries at least one in five students did not answer one – or more usually both – of the core questions. In a few countries the proportion of students without answers was as high as 50 per cent. Subsequent analysis therefore focused on two issues:

- The first issue was to find clues as to what might have caused these very high proportions of missing data. The focus here was on students who did not complete the task.
- Secondly, the question to be answered was whether the integrated task worked as an instrument to measure problem-solving and communication skills. The focus here was on students who completed all the questions in "Plan a Trip".

The pictures that emerge for these two groups of students are given below. As the approach that was adopted is mainly exploratory, this section is descriptive in nature rather than supported by series of tables with actual numbers. Moreover, cross-country comparisons on the basis of such numbers would obscure the true picture because of difficulties that were encountered during coding of the material (see Chapter 3).

On the who, what and why of missing data

Not surprisingly, the task appears to have been too difficult for many students. The data strongly confirm the observations already made by test administrators. Up to twice as many students in the lowest track did not answer the two core questions as in the highest track. Most of these students did reply to the multiple choice questions related to the introductory text. We are therefore able to some extent to check their understanding of what they were asked to do. Students not completing the core questions were more often confused about the nature of the information that was provided. These students were also clearly more confused about the purposes of the report they were asked to write. Further, students not completing the core questions often indicated that they found the material difficult to read.

There is a related, major difference between the students who attempted to complete the task and those who did not lay in their motivation. Students not completing the questions often said that to them the task did not reflect a real-life situation. Some of these students found the time that was given to them too short. Another, larger group of students who did not complete the exercises felt they had more than enough time, which makes sense as well.

In accordance with the character of the pilot, fieldwork procedures varied by intent between and within countries. Given all the above, variations in the actual fieldwork hardly made a difference: the number of students not completing the task did not differ by grade level, by the actual time given to them or by reason of the fact that the integrated task was given before or after the booklet with the items for Domain 1 and Domain 3.

All in all, a considerable number of students did not engage in "Plan a Trip" and seem to have been put off altogether before actually getting started.

On the instrument as such

The second issue that had to be addressed was whether the instrument itself enabled problem-solving and communication skills to be measured. We therefore redirected our attention towards students who did complete the entire task. This selected group comprised about 20 per cent of the sample in most of the countries.

The integrated task "Plan a Trip" appeared to be quite difficult for this group of students as well. Although these students seemed somewhat less confused than others about what they were expected to do, the vast majority of them were unable to give at least three out of five right answers to the questions relating to the introductory text. The nature of the information that was provided seemed to cause the biggest problem. However, students' understanding of the task is not related in any meaningful way to their actual performance on the two core questions.

Although these students were somewhat more motivated than the others, there is no clear picture emerging of committed students working towards a product they feel comfortable with. As for perceived difficulty however, there is no meaningful relation between student motivation and student performance.

Conceptually it is not always possible to distinguish communication skills from problem-solving skills. Experiences with coding the material confirmed the difficulty of disentangling these different skills. Analysis of performance by this selected group of students points further to these difficulties. Items derived from the same question but referring to different skills show greater resemblance than items referring to similar skills but derived from different questions. This casts some doubt on whether problem-solving skills and communication skills can be measured simultaneously but recognised distinctly at the same time.

Conclusion for Domain 2 and Domain 4: Problem-Solving and Communication

First of all, many students did not understand, or did not fully understand, what they were asked to do. Although designing a problem-solving task which can be successfully completed by all students is undesirable for indicator purposes, there can be no doubt that "Plan a Trip" is too difficult in its present form. The barriers appear to be so high that no indication at all can be derived about the skills of a considerable number of students.

At least some of these barriers may be removed by making the task less complex and limiting the amount of material to be read. Decreasing the amount of information will automatically make the task somewhat easier, while less information may also be less off-putting for students for whom handling information does not come easily. Another issue causing concern is the lack of commitment students feel to the task. It may be possible to make the task more attractive by changing the actual content towards a topic closer to home for students. More could also be done in the area of lay-out and printing to make the task more attractive and to reflect more closely a real-life situation.

The experiences with "Plan a Trip" also point to drawbacks in combining assessment of problem-solving and communication skills. Difficulty in reading the material may have stood in the way of demonstrating problem-solving skills, while insufficient problem-solving skills may in turn have stood in the way of demonstrating writing skills. It also proved to be difficult to assess different skills on the basis of the same question. It may therefore be desirable to develop separate tasks for problem-solving and communication in order to do more justice to the skills students have. It must be kept in mind, however, that no existing instrument with appropriate characteristics was available at the time of the pilot.

EXAMPLES OF CCC INDICATORS

The general aim of the pilot was to find out whether indicators for Cross-Curricular Competencies can be developed. The starting point of the CCC Project was the idea that Cross-Curricular Competencies are composed of different domains and that within each of the domains different dimensions can be distinguished (see also Chapter 3). During data analysis, scales were developed for those different dimensions in each of the domains.

When it comes to the construction of indicators, another question arises: Is each scale to be used as an indicator? Or is an indicator comprised of different scales? We do not provide the answers to these questions but rather show examples of the different options available. A related issue that is raised in this chapter is how such an indicator or indicators may be (re)presented.

DOMAINS, DIMENSIONS AND INDICATORS

In this report we have departed from the idea that the domains we deal with can be clearly separated from each other and further, that within a domain different dimensions can be distinguished in a meaningful way. Our aim has therefore been to develop several indicators, each one referring to one dimension within each of the domains. An example drawing on the INES Project may be helpful to clarify these distinctions. In the domain of student achievement, three dimensions were distinguished: science, mathematics and reading. The indicators published in *Education at a Glance* are in principle all based on these three dimensions, albeit with breakdowns by age group, gender and the like.

An alternative way to go about constructing indicators could be to combine these different dimensions into one composite indicator for a domain.[9] This composite indicator for student achievement will then inevitably comprise different dimensions (in our example, reading, science and mathematics). The importance attached to the separate dimensions may, however, vary between countries: in some countries reading may have the largest contribution to the composite indicator, while in others it may be science or mathematics.

It can easily be seen that similar values on the composite indicator can be the result of different scores on the constituent parts which compensate for each other in the composite indicator. Also, different values on the composite indicator can be the result of similar scores on some of the constituent parts. Differences between countries or subgroups which show up when comparisons are made on the basis of broad composite indicators, may turn out to be caused by just a few of the elements of the composite indicator, while other elements are in fact exactly the same. The issue is then how useful such a composite indicator is, especially when the information on the separate indicators is available.

Nevertheless, using composite indicators may be an attractive idea when trying to find a balance between detail and abstraction. The number of (composite) general indicators can thus be limited while more specific information is possible if required by decomposing such an indicator into its different dimensions. The construction of such composite indicators may be based on theoretical and practical arguments. Theoretically, it may be useful to combine scales into a composite scale, if the same general concept is referred to. Practically, policy makers may prefer a few broad indicators to the detail of many specific scales. This is a basic issue in indicator building. Discussing the usefulness of composite indicators and their value for policy making in general, goes beyond the purposes of the CCC pilot study with which we deal in this report. However, consideration of the merits and demerits of composite indicators may be appropriate within the wider context of the whole INES Project.

PRESENTATION OF CCC INDICATORS

Returning to the starting point of the CCC Project, the idea was that Cross-Curricular Competencies are composed of different aspects, but that these aspects are also related to each other (see also Chapter 2). The visual presentation of CCC indicators has to be in tune with these ideas. The first aim is therefore to show the different dimensions. The second aim is for indicators to do justice to the interrelatedness of the dimensions and domains which together comprise CCCs. Thirdly, the indicators need to be clear and easy to interpret.

The examples of CCC indicators given in this chapter strike different balances between the aims mentioned above. The basic examples are first and foremost suggestions that may be helpful when deciding what is desirable for future use. For that reason no attempt is made yet to show variations on the basic examples. For each of them, it would be possible to make cross-country comparisons, comparisons between subgroups within countries and – if so desired – comparisons with an "ideal" or "acceptable" profile (however defined, an issue not raised here).

As giving examples is our main objective here, it is irrelevant whether we use factual or fictional data. Factual data are less appropriate for these purposes because of the way the samples were drawn. Comparing means for samples which were intended to include the widest possible range of students is likely to underestimate the actual differences. We therefore use fictional numbers for all of the measures.

The first example of a CCC indicator is simply based on one measure for which means are computed for the different countries. A fictional example of knowledge is given, with the possibility of indicating an established minimum on the scale (Figure 2).

◆ Figure 2. ***Sumscores on knowledge items***
Fictional data

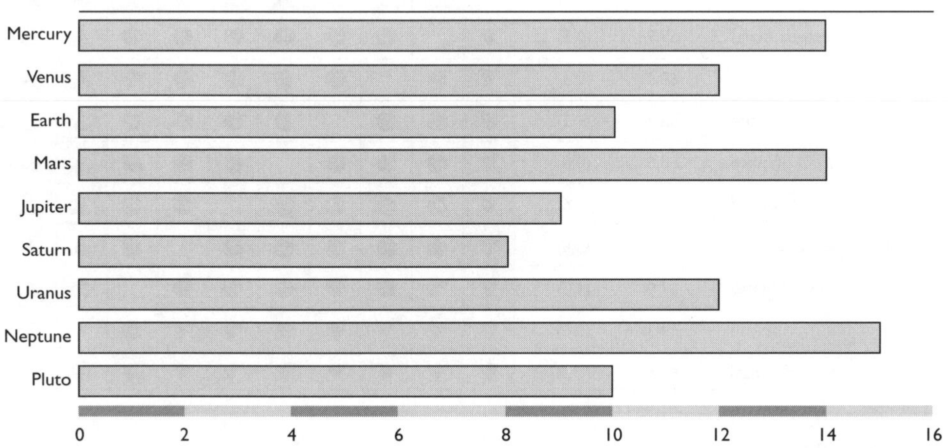

Source: Author for the OECD.

An alternative to the bar chart is the use of a multiple comparisons chart, such as is already in use in *Education at a Glance*. These charts enable cross-country comparisons in terms of statistical significance (Figure 3).

Comparisons on the basis of just one measure do little justice to the interrelatedness of the dimensions and domains which together comprise Cross-Curricular Competencies. The next example tries to overcome this objection somewhat by including two different scales in one point chart (Figure 4).

◆ Figure 3. ***Multiple comparisons of overall student proficiency in science at age 13 (1991)***

▼ Mean significantly lower than comparison country
▲ Mean significantly higher than comparison country
● No statistically significant difference from comparison country

	Mean	Standard error	Switzerland (15 cantons)	Emilia-Romagna (Italy)	Canada	England	France	Scotland	Spain (except Catalonia)	United States	Ireland	Portugal
Switzerland (15 cantons)	73.7	(0.9)		▲	▲	▲	▲	▲	▲	▲	▲	▲
Emilia-Romagna (Italy)	69.9	(0.7)	▼		●	●	●	●	●	●	▲	▲
Canada	68.8	(0.4)	▼	●		●	●	●	●	●	▲	▲
England	68.7	(1.2)	▼	●	●		●	●	●	●	▲	▲
France	68.6	(0.6)	▼	●	●	●		●	●	●	▲	▲
Scotland	67.9	(0.6)	▼	●	●	●	●		●	●	▲	▲
Spain (except Catalonia)	67.6	(0.8)	▼	●	●	●	●	●		●	▲	▲
United States	67.0	(1.0)	▼	●	●	●	●	●	●		●	▲
Ireland	63.3	(0.6)	▼	▼	▼	▼	▼	▼	▼	●		●
Portugal	62.6	(0.8)	▼	▼	▼	▼	▼	▼	▼	▼	●	

Source: OECD (1993).

When wanting to show the interrelatedness of measures more obviously, the use of so-called spider charts may be considered (Figure 5). The number of "legs" can be varied with the number of dimensions to be included. Because these charts are less common, visual comparisons may need to be facilitated. One way of doing this is to give a regular shape – such as a square, pentagon or hexagon – to the basis for comparison, which might be an international mean or an "ideal" profile. Further, the length of each "leg" can be adjusted so that distances can be interpreted as effect sizes. The design of the spider can thus be adjusted to aid interpretation.

◆ Figure 4. ***Mean scale scores for effort and persistence***
Fictional data

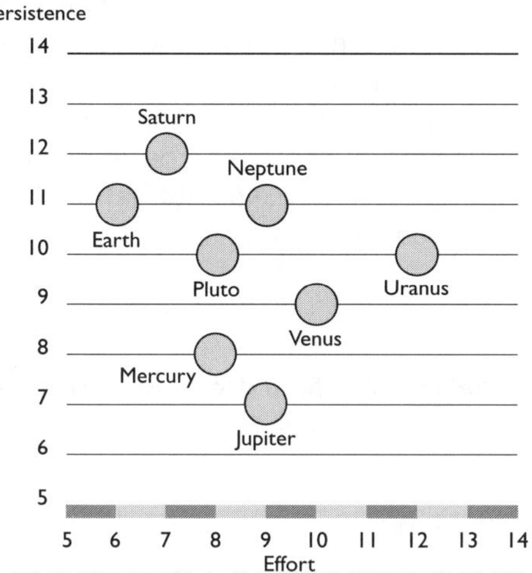

Source: Author for the OECD.

◆ Figure 5. ***Spider chart for four CCC domains***
Fictional data

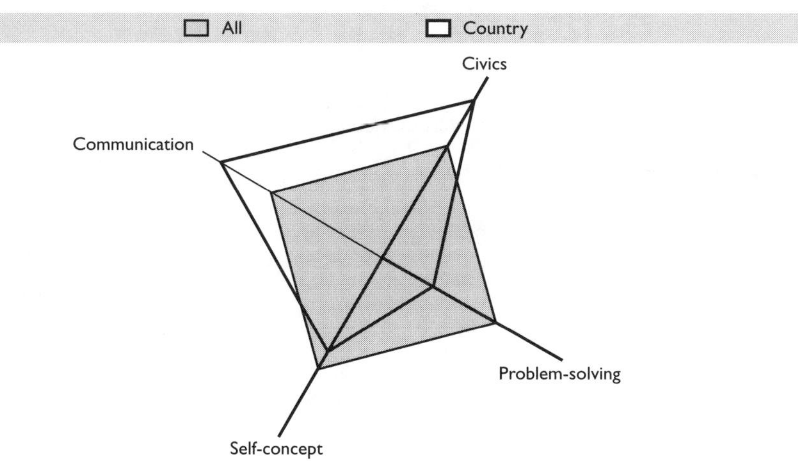

Source: Author for the OECD.

If composite indicators are used, these spider charts may be very helpful in giving a visual image of the decomposition of general indicators. The composite indicators can then be used in a graph with other domains, as in Figure 5. Subsequently, each composite measure can be decomposed in another spider chart so that more detail can be shown. Figure 6 gives an example for the domain of Politics, Economics and Civics. The scales developed in Chapter 4 are now the five legs of the web. Again, the regular shape of the pentagon is used to make comparisons possible. This regular shape can refer to an international mean, but also to an "ideal" level on the different measures.

◆ Figure 6. ***Spider chart for a decomposed civic indicator***
Fictional data

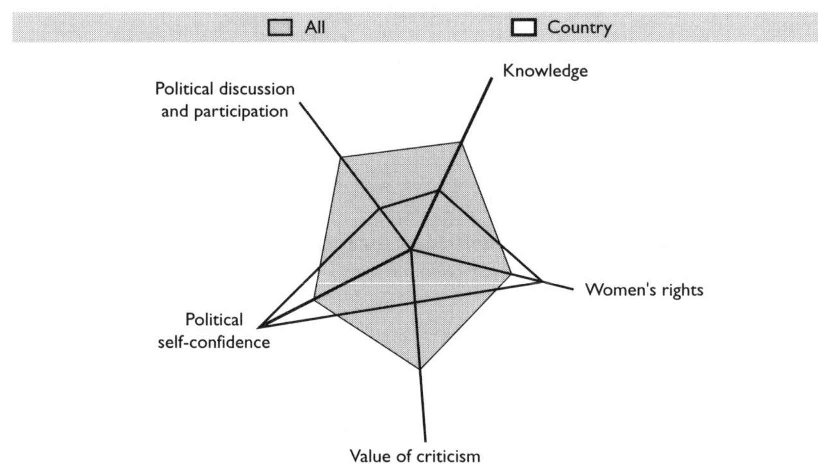

Source: Author for the OECD.

CONCLUSIONS AND PROSPECTS FOR THE FUTURE

CONCLUSIONS

This report focuses on the development of international indicators for Cross-Curricular Competencies (CCCs). It builds on Trier (1991) and Trier and Peschar (1995), who discuss the idea of a "survival kit". The main question is: "What do young adults at the end of education need in terms of skills to be able to play a constructive role as citizens in society?".

In previous discussions in the OECD INES Project, broad support was found for taking these ideas further and developing indicators in this field, labelled as Cross-Curricular Competencies (CCCs). The main research effort, therefore, is to identify relevant areas and develop instruments and indicators for the knowledge and skills needed to be able to function in society.

In Trier and Peschar (1995) several issues are defined:

- Are CCCs an integral part of the educational goals of OECD countries?
- If CCCs are identified, is there enough overlap to allow comparisons: which dimensions seem to be relevant?
- Are instruments available for the development of indicators?

This report deals with the third issue. On the basis of extensive literature reviews and searches for instruments it appeared that no complete and standardised instruments were available. Therefore a pilot study was commissioned to see whether it would be feasible to develop instruments in four domains. Another major goal was to assess the quality of the instruments for comparative purposes. In addition, it was to be shown how indicators could be derived from such information. Country names were disguised as planet names to prevent unintended direct comparisons between the nine participating countries and communities on the basis of non-representative samples.

What are the main conclusions of this "unearthly" enterprise?

- It appeared possible to develop instruments with a good to excellent quality for two out of four domains: Politics, Economics and Civics and also

Self-Perception/Self-Concept. These instruments were specially adapted or developed for the CCC Project and show consistent high quality across countries.

The time schedules were very tight, in particular because much testing took place in classes preparing for final examinations. In the construction of instruments, the fieldwork and the analyses more difficulties were encountered than expected, but with some alterations and modifications this has led to very satisfying results. Given the state of the art – see the remarks on the lack of international standard instruments – that is a quite remarkable result.

- The instruments allow for the development of indicators of CCCs. If one chooses one instrument per domain, the mean score per country can be compared in so-called spider charts. The charts give a kind of visual profile of the four domains of CCCs per country. If the profiles of countries are compared, the relative importance of the domains becomes visible. The profiles can also be broken down for relevant categories, such as gender, school type/track, public/private education or geographical area. Of course, in due time, the development of CCC profiles is a most interesting issue.
- The study has demonstrated that with a restricted number of domains, profiles of countries' "performance" on CCCs can be detected. This, however, points to a most important issue: What are the relevant domains? As mentioned earlier, the selection of domains was partly governed by the expectations of available instruments and expert reviewers. Work in the theoretical and conceptual spheres must therefore be encouraged.

  Furthermore, the scope of the CCC indicators can be extended. The inclusion of risk indicators or process indicators on the quality of schooling may be (re-)considered. Risk indicators could refer to such issues as problem behaviour, aggression or drug use. Process indicators on the quality of schooling would be indicative of quality of everyday life in school, teacher behaviour or moral education.[10]

  At the same time, the strong empirical nature of this pilot must also be considered as its strength: if there had been no feasibility study in these nine countries and communities we would still be speculating on whether it was possible to measure certain properties and develop indicators. That issue is settled satisfactorily, though with the recognition that much can be improved.
- That brings us to some of the weak spots in the enterprise. Though the degree of standardisation of procedures and approach was acceptable in a pilot study, it will have to be given much more emphasis in future. Solutions have to be found for the everlasting dilemma of age and grade: Are we

assessing students in a certain grade, at the end of compulsory schooling or at a certain age? Similar dilemmas are encountered in choosing between a school-based approach and household surveys. This is not only a budgetary question, but also a question of point of reference. When conducting research within schools one easily comes down to school-based competencies. In household surveys the reference may be much more to the competencies needed in "real-life" and the issue whether school has contributed to acquiring these competencies. This is a core issue that will undoubtedly have to be discussed in great detail.

Finally, a set of recommendations can be formulated on the basis of the experiences in this pilot study. In the next section some of these will be elaborated in more detail. At this moment it will suffice to conclude that the pilot study has done what it should do. The question was: Can it be shown that it is feasible to make progress in this area of international educational indicators? Thanks to the efforts of many the answer is positive.

PROSPECTS FOR THE FUTURE

During the General Assembly of the INES Project in Lahti, Finland, in the summer of 1995, delegates from 25 OECD countries discussed the existing education indicator system. After having endorsed current activities, they strongly demanded that the scope of outcome indicators of education systems should be extended. The main argument seemed to be that until then – though for obvious and understandable reasons – too much emphasis had been put on the cognitive aspects of education. The need to develop indicators on non-cognitive aspects of education was agreed upon unanimously.

Though they are not identical with the concept of Cross-Curricular Competencies, it is clear that there is a great overlap between non-cognitive outcomes and CCCs. This report shows that investing in the development of this area may be fruitful since schools "produce" both cognitive and non-cognitive outcomes which are relevant to adult life. If countries are compared in both these respects, a deeper knowledge of the features of education systems will be gained.

Considerable scepticism at the start of the CCC endeavour is slowly giving way to more enthusiasm. The need to support improvement of instruments and to carry out small pilot studies is now recognised in more than fifteen countries, including many Western European countries as well as Canada, Hungary, the Czech Republic and Russia. This is only partly due to the promising results of this first study. Of much greater significance is the fact that growing numbers of people feel that work must continue as any educational indicator system cannot do without indicators on Cross-Curricular Competencies.

The development of CCC indicators has been envisaged already in the most recent OECD data collection strategy for educational indicators. On the assumption that the pilot study would be successful, a regular collection of data for CCCs had already been scheduled for 1997. One may see this as a compliment to all involved in the development of CCCs. Nevertheless it is also a little hasty, because a number of issues have to be settled before regular data collection can take place. The main stage which needs to be carried out before such a regular scheme can be introduced is a pilot study of national representative samples in all participating countries.

In such a pilot several questions will have to be solved, including the following:

– The instruments now available need to be calibrated and standardised on a national sample as a baseline. Alternative analyses need to be done in order to select the most efficient/optimal instrument combining shortest testing time and highest quality. Moreover, the format of the instruments needs to be standardised in terms of lay-out and number of answering categories.

– In spite of some euphoria there is considerable work to be done in the development of instrument. We recall that no satisfactory instrument is yet available for the Problem-Solving and Communication domains. Several alternatives may have to be tested before a final selection can be made.

  As for Problem-Solving, from the experiences reported with "Plan a Trip" we cannot really conclude that problem-solving skills can be measured with a task like this. If a suitable task can be developed, some very practical issues need to be taken into consideration as well. It is time-consuming, and the coding is extensive and demands a high degree of standardisation. If open-ended questions and holistic scoring are to be maintained, international training sessions are required.

– A detailed look at the instruments of the International Adult Literacy Study of 1995 (IALS) needs to be considered (see OECD and Statistics Canada, 1995). For the domain of Problem-Solving in particular, there appear to be several instruments and items that show great overlap between IALS and the task in the CCC study. As no single concept has only one way of applying it (and vice versa) it may be worthwhile to study IALS as a potential source of instruments. Another advantage of IALS is the high quality standard of the instruments (IRT scaling) and the fact that they are available in the public domain.

– A sampling design must be developed and tested in practice. Assuming that the main focus of an indicator programme is on differences between countries for only a restricted number of breakdowns, relatively small samples may be feasible. Given very different national practices in drawing samples of schools, careful testing of this phase is advisable.

- The fieldwork procedures must be standardised completely. Differences in scores between countries should not be attributable to differences in fieldwork procedures, translation and formulation of items, available time or coding practices.
- Considerable time may be needed to find out whether CCC data collection has to fit into existing or planned data collections in schools. As time is scarce a serious attempt must be made to avoid duplicating the same questions in different surveys and overloading of testing time in a certain period.
- In line with the recommendations of the OECD INES Project on standardisation of data collection and analysis, it may be advisable to standardise data archives and organise access to the data through the channels of the OECD. From the national representative sample study it will be possible to arrive at proper estimates of the time and budgets needed.
- In a national pilot study all procedures have to be tested and dry runs of sampling, analysis and reporting have to be undertaken. Such a large-scale pilot is the very last chance to adjust details before data collection becomes a regular activity, and one should avoid later adjustments that decrease comparability over time. Strong project management is a precondition in this respect.
- The "burden" of the present pilot has been carried by a limited number of countries (or planets). This has had advantages but also disadvantages. The main advantage is that countries were heavily committed, having fitted their needs and restrictions into the pilot. That proved to be very beneficial, as no serious problems occurred afterwards. Two planets entered the solar system at a later stage, which resulted in a number of minor problems. Many of these could have been avoided had they been involved from the very beginning.

  Therefore it is strongly recommended that all countries that plan to join future CCC indicator activities should participate in the preparatory stages of the study.
- The budgetary implications need to be investigated at an early stage. This can only be done on the basis of a study closely resembling intended future activities. Moreover it needs time to fit regular data collection into regular budgets.

These recommendations are based on the original idea that some day indicators on CCCs will be regularly collected according to scientific standards in a series of countries. The comparison of the developed CCC profiles will enable countries to learn from each other and will provide students and young adults with the knowledge and skills they need to be able to play a constructive role as citizens in their societies of tomorrow.

NOTES

1. A comprehensive overview of the meetings that were held in relation to CCC activities can be found in Appendix 2, p. 88.
2. We took great care to avoid selecting instruments or items which were not available in the public domain.
3. Many items were newly formulated or heavily adapted from (scarcely) existing instruments. We gratefully acknowledge the help of Network A members and other colleagues in finding appropriate wordings for the items so that they were relevant to most settings. It is impossible to mention all their names and contributions here. The same applies to all the original sources for this process.
4. External advisor Professor Judith Torney-Purta was extremely helpful, in particular with regard to this domain. Her contributions made it possible to carry out this part of the project. A number of the items used here came from the first IEA Civic Education Project (Torney *et al.*, 1975) and are likely to be used in the second IEA Civic Education Project being undertaken between now and the year 2000 (Torney-Purta, 1996).
5. External advisor Professor Helmut Fend made very helpful contributions to this part of the project.
6. The further improvement and fine-tuning of the instruments can be done in two different ways. Firstly, more extended instruments can be included in new field tests, and the potentially successful items identified. This, however, is a strategy requiring both time and resources. A second strategy could be to use secondary analysis on existing data sets. This may not be feasible for some countries, but very practical for others. In Switzerland (University of Zurich, Professor Helmut Fend), for instance, large-scale data sets from various years (1990, 1992 and 1995) are available that contain full-length instruments in the domain of Self-Perception/Self-Concept. It would be a waste of time and expertise not to use such unique sources for the improvement of the instruments.
7. Mr. Douglas Hodgkinson (Network A representative for Canada) and Mr. Eugene Owen (Network A representative for the United States and chairperson of Network A) made it possible to carry out this part of the project.
8. The item "Race" (see Chapter 3) was also included to measure problem-solving skills. As only one variable was arrived at and the coding procedures differed substantially between countries, no results of the analyses are given here.

9. In the course of the pilot study, suggestions were advanced to develop two composite indicators in Domain 3 for Self-Perception/Self-Concept. One composite indicator named self-confidence could be composed by merging the subscales for (lack of) test anxiety, self-acceptance, future orientation and perceived ability. The other composite indicator, called achievement motivation, could be composed of subscales for persistence and effort. Analyses following these suggestions revealed that the two composite indicators do have high reliabilities (ranging from 0.72 to 0.82 for self-confidence and from 0.75 to 0.85 for achievement motivation). Factor analyses conducted on each of the composite measures revealed further that the factors resemble the constituent subscales (almost) perfectly and very consistently in all countries. Sumscores on these subscales show only modest correlations between them, ranging from 0.1 to 0.4 for the composite indicator for self-confidence and from 0.4 to 0.6 for the composite indicator for achievement motivation. Hence, the subscales refer indeed to different dimensions and these dimensions can be found consistently across countries. The interpretation of indicators based on these different dimensions is therefore unlikely to cause difficulties. As pointed out above, construction of a composite indicator in which such distinct pieces are combined may cause difficulties rather than clarity.

10. Such indicators were included in the Swiss pilot study and it may therefore be useful to elaborate on that experience.

REFERENCES

BELLACK, A.S. and M. HERSEN (eds.) (1979), *Research and Practice in Social Skills Training*, Plenum Press, New York/London.

BOTTANI, N. and A. TUIJNMAN (1994), "International education indicators: framework, development and interpretation", in OECD, *Making Education Count: Developing and Using International Indicators*, Paris.

BROADFOOT, P. (1994), "Achievements of learning", in OECD, *Making Education Count: Developing and Using International Indicators*, Paris.

CHALKER, D.M. and R.M. HAYNES (1994), *World Class Schools. New Standards for Education*, Technomic, Lancaster, Pennsylvania.

DARLING-HAMMOND, L. (1994), "Policy uses and indicators", in OECD, *Making Education Count: Developing and Using International Indicators*, Paris.

DEBETS, P. and E. BROUWER (1989), *MSP. A Program for Mokken Scale Analysis for Polychotomous Items*, ProGAMMA, Groningen.

ECKSTEIN, M.A. and H.J. NOAH (eds.) (1992), *Examinations: Comparative and International Studies*, Pergamon Press, Oxford.

ECKSTEIN, M.A. and H.J. NOAH (1993), *Secondary School Examinations. International Perspectives on Policies and Practice*, Yale University Press, New Haven/London.

Education Daily, 22 February 1995.

Educational Innovation, December 1994.

EDWARDS, L., MUNN, P. and K. FOGELMAN (eds.) (1994), *Education for Democratic Citizenship in Europe. New Challenges for Secondary Education*, UNESCO/Swetz and Zeitlinger, Lisse.

EGGEN-KNUTSEN, A. (1995), "The GOALS study: analysis and implications", in OECD, *Measuring What Students Learn*, Paris.

FEND, H. (1995), "Personality theories and development processes: Their implication for indicators of the quality of schooling ", in OECD, *Measuring What Students Learn*, Paris.

GRANHEIM, M. and S. PETTERSSON (1995), "Goals orientation and attainment in learning systems", in OECD, *Measuring What Students Learn*, Paris.

HALMAN, L. (1995), "Measuring and comparing democratic values", in OECD, *Measuring What Students Learn*, Paris.

HIRSCH, D. (1994), *School: A Matter of Choice*, OECD, Paris.

HODGKINSON, G.D. and M. CRAWFORD (1995), "Problem-solving and communication skills as part of preparation for real-life", in OECD, *Measuring What Students Learn*, Paris.

HOLLIN, C.R. and P. TROWER (eds.) (1986), *Handbook of Social Skills Training. Applications Across the Life Span*, Pergamon Press, Oxford.

HOLMES, M. (1992), *Educational Policy for the Pluralist Democracy. The Common School, Choice and Diversity*, The Falmer Press, Bristol/London.

McMULLEN, T. (1978), *Innovative Practices in Secondary Education. The Lower Secondary Stage: Problems and Possibilities*, OECD, Paris.

MICHEL, A. and J. MACBEATH (1995), "A conceptual framework: the rationale for attitude indicators", in OECD, *Public Expectations of the Final Stage of Compulsory Education*, Paris.

OAKES, J. (1989), "What educational indicators? The case for assessing the school context", in *Educational Evaluation and Policy Analysis*, Vol.11:2, pp. 181-199.

OECD (1973), *Indicators of Performance of Educational Systems*, Paris.

OECD (1989), *Education and the Economy in a Changing Society*, Paris.

OECD (1992*a*), *High-quality Education and Training for All*, Paris.

OECD (1992*b*), *The OECD International Education Indicators. A Framework for Analysis*, Paris.

OECD (1993), *Education at a Glance. OECD Indicators*, Paris.

OECD (1994*a*), *Making Education Count: Developing and Using International Indicators*, Paris.

OECD (1994*b*), *The Curriculum Redefined: Schooling for the 21st Century*, Paris.

OECD (1995*a*), *Education at a Glance. OECD Indicators*, Paris.

OECD (1995*b*), *Measuring the Quality of Schools*, Paris.

OECD (1995*c*), *Measuring What Students Learn*, Paris.

OECD (1995*d*), *Public Expectations of the Final Stage of Compulsory Education*, Paris.

OECD (1995*e*), *Schools under Scrutiny*, Paris.

OECD (1996), *Lifelong Learning for All*, Paris.

OECD and Statistics Canada (1995), *Literacy, Economy and Society – Results of the First International Adult Literacy Survey*, Paris and Ottawa.

OWEN, E., HODGKINSON, G.D. and A. TUIJNMAN (1995), "Towards a strategic approach for developing international indicators of student achievement", in OECD, *Measuring What Students Learn*, Paris.

PAPADOPOULOS, G.S. (1994), *Education 1960-1990. The OECD Perspective*, OECD, Paris.

PESCHAR, J.L. (1993*a*), "Educational goals, the curriculum and non-curriculum bound objectives in OECD countries", Inventory study prepared for the meeting of Network A of the OECD INES Project on educational indicators, Vilamoura, Portugal.

PESCHAR, J.L. (1993*b*), "Prepared for real-life. Establishing indicators for non-curriculum bound indicators (NOBS) in a comparative setting", Project Proposal, Vilamoura, Portugal.

PHILLIPS, G.W. (1993), "Standards for international indicator data", Proposal for the Network A meeting in Vilamoura, Portugal.

ROBINSON, J.P., SHAVER, P.R. and L.S. WRIGHTSMAN (1991), *Measures of Personality and Social Psychological Attitudes*, Academic Press, San Diego.

ROSENBERG, M. (1965), *Society and the Adolescent Self-image*, Princeton University Press, Princeton, New York.

TORNEY, J., OPPENHEIM, A.N. and R.F. FARNEN (1975), *Civic Education in Ten Countries: An Empirical Study*, Alsted Press (John Wiley), New York.

TORNEY-PURTA, J. (1994), "The monitoring of affective outcomes", in A. Tuijnman and T.N. Postlethwaite (eds.), *Monitoring the Standards of Education*, Pergamon, Oxford, pp. 151-169.

TORNEY-PURTA, J. (1996), *Civic Education: Proposal for Phase 2 (Revised)*, College Park, MD IEA Coordinating Center, Institute for Child Study.

TRIER, U.P. (1991), "Non-curriculum bound outcomes", Proposal presented at the Network A meeting of the OECD INES Project on educational indicators, Paris.

TRIER, U.P. and J.L. PESCHAR (1995), "Cross-Curricular Competencies: rationale and strategy for developing a new indicator", in OECD, *Measuring What Students Learn*, Paris.

Appendix 1

COUNTRIES AND REPRESENTATIVES PARTICIPATING IN THE CCC STUDY

Countries participating in the developmental work:

Country	Organisation	Name
Austria	Centre for School Development Federal Ministry for Education and Cultural Affairs	Erich Svecnik Friedrich Plank
Belgium (Flemish)	University of Ghent	Luc van de Poele Lieve Oosterlinck
Belgium (French)	University of Liège	Aletta Grisay
Italy	CEDE (European Centre for Education) Ministry of Education	Lucio Pusci Chiara Croce
Switzerland	University of Zurich	Helmut Fend Urs Grob Wassilis Kassis
United States	Pelavin Research Institute National Centre for Education	Jay Moskowitz Richard Phelps Eugene Owen

Countries participating in additional fieldwork:

Fieldwork in	Organisation	Name
Hungary	Budapest University/Tarki	Hedy Lehmann
Norway	Ministry of Education Research and Church Affairs	Marit Granheim Lill Pleym
Netherlands	Ministry of Education, Culture and Science	Jules Peschar Sietske Waslander
International co-ordination		
Netherlands	Department of Sociology University of Groningen	Sietske Waslander
Project director		
Netherlands	Department of Sociology University of Groningen	Jules Peschar

Appendix 2

OVERVIEW OF MEETINGS RELATED TO CCC

Year, month, place	Participants	Decisions
1991, June Paris, France	Network A	Acceptance of Trier's idea of investigating possibilities for indicator on Non-Curriculum Bound Objectives, establishment of Steering Group
1992, June Oslo, Norway	Network A	Choice of Steering Group: Grisay (B), Hodgkinson (CDN), Trier (CH), Peschar (NL), Bottani (OECD), further progress
1992, September Zurich, Switzerland	Steering Group	Selection of experts for reviews and project proposal, selection of five areas for development of indicator
1993, February Vilamoura, Portugal	Network A	Discussion of expert reviews on possibility of starting indicator pilot study in five domains, acceptance of research proposal by Peschar
1993, June Paris, France	Network A	Discussion of general strategy
1993, September Stockholm, Sweden	CCC Group	Detailed discussion of time schedule, fieldwork, instruments, appointment of project director
1993, September Berlin, Germany	Network A	Information on progress to the network, invitation to participate
1994, January Berne, Switzerland	Bottani Trier Peschar	Co-ordination of activities between INES secretariat and project director
1994, March Victoria BC, Canada	CCC Group	First discussion on available instruments and procedures, time schedule, fieldwork
1994, June Washington, USA	Network A	Second discussion on instruments and procedures
1994, October Amsterdam, Netherlands	CCC Group	Selection of final set of instruments, decisions on fieldwork and timing. Fieldwork planning for January-April 1995
1995, March Volterra, Italy	Network A	Report on state of affairs in fieldwork, data analysis and draft report
1995, November Dublin, Ireland	Network A	Discussion of draft report and implications for future work

Appendix 3

EDUCATIONAL GOALS IN SELECTED OECD COUNTRIES

(see PESCHAR, 1993*a*)

AUSTRIA

"Values (moral, religious, social, the truth, the good, the beautiful);
Attitudes (peace, interculturalism, professionalism, environmentalism);
Capacities (partner-bonding, participation in public life, culture);
Skills (economic and consumer, working in teams);
Perceptions (democracy, love of country, good humour, sportsmanship)."

BELGIUM

"Curricula include directions to include the higher order levels of conduct and for methods and attitudes that match the subjects. Non-subject bound educational goals should be striven for."

CANADA (BRITISH COLUMBIA)

"Goals of education:

– (school, supported by the family and community).

Intellectual Development:

– to develop the ability of students to analyse critically, reason and think independently, and acquire basic learning skills and bodies of knowledge; to develop in students a lifelong appreciation of learning, a curiosity about the world around them and a capacity for creative thought and expression.

– (school and family and community).

Human and Social Development:

– to develop in students a sense of self-worth and personal initiative; to develop an appreciation of the fine arts and an understanding of cultural heritage; to develop an understanding of the importance of physical health and well-being; to develop a sense of social responsibility, and a tolerance and respect for the ideas and beliefs of others.

Career Development:

- to prepare students to attain their career and occupational objectives; to assist in the development of effective work habits and the flexibility to deal with change in the work place."

DENMARK

"The Conception and Aims of the *Folkeskole* (1991):

- The task of the *Folkeskole* is, in co-operation with the parents, to offer possibilities for the pupils to acquire knowledge, skills, working methods and forms of expression which will contribute to each individual pupil's all-round development.
- The *Folkeskole* shall in all its activities, endeavour to create such opportunities for experience and self-expression that can promote the pupil's urge to learn, to expand his imagination and to develop his capacity for independent judgement and opinions.
- The *Folkeskole* shall prepare the pupils for active participation in life and decision-making in a democratic society and for sharing responsibility for the solution of common problems. The educational activities of the school and its daily life as a whole must therefore be based on intellectual freedom and democracy."

FINLAND

"Balanced total personality is the overriding goal.
Good physical health and fitness.
Responsible and reliable personality.
Independent and self-reliant personality.
Creative personality.
Co-operative and peace-loving personality and member of the society.
Issues of the environment are considered essential, together with appreciation and skills in national culture and international co-operation. There is also a long-standing concern for equality issues."

FRANCE

"Learning of autonomy, social life, responsibility, respect, rules of collective life, democracy, (...)."

GERMANY

"Grades 5 to 10 (*Sekundarstufe I*): personal and social learning including the development of individual abilities gaining social and cultural experience and self-confidence, preparing students for a democratic society.

Grades 11 to 13 (*Sekundarstufe II*): self-realisation within social responsibility."

IRELAND

"Examples: personal and social development attitudes, confidence, independence, self-reliance, tolerance."

"Aims and function (Primary School Curriculum): if he is to know and value himself and form objective standards of judgement and behaviour, he must learn through experience to live and co-operate with other children and with adults and gradually to become familiar with the complex and evolutionary nature of the society of which he is part."

"The educational system can develop a receptiveness to new ideas, and a capacity to organise, assess and apply them in all fields of human endeavour. It can develop the capacity to think clearly, creatively and critically, rather than the mere facility for remembering mechanically."

"The educational system is a mechanism by which one generation transmits to the next the basic elements of the ever-increasing fund of human knowledge, the common culture of the society, the social habits, customs and national attitudes on which the health and cohesion of the society depend, and its religion, morality and ethics which in a fundamental sense determine the essential quality of the society and of the people who constitute it."

ITALY

"Individual values: autonomy, intellectual freedom, consistency and flexibility, health and personal hygiene.

Social values: equality, solidarity, respect and acceptance of people of different nationalities and cultures, democratic co-existence, health and respect for the environment."

NETHERLANDS

"At national level: in some subject areas, educational goals of the new basic education (*Basisvorming*); parliamentary discussion on norms and values in school.

At school level: higher order central goals; religious education; specific school goals.

In general: preparation for the labour market.

From national reports to OECD:

- Three central functions of education: 1) to contribute to the education of pupils as individuals as part of their upbringing; 2) to contribute to pupils' social and cultural education, partly in preparation for future responsibilities and participation in a democratic society; 3) to help prepare pupils to pursue an occupation and participate in the labour market.
- For secondary education: to promote the general development of pupils by helping them to acquire knowledge, insight and skills and to contribute to their upbringing on the basis of values acknowledged, notably by Christianity and humanism, as part of the Dutch tradition."

NEW ZEALAND

"Skills: the New Zealand Curriculum Framework specifies eight basic skills (these include some cognitive aspects). These are: communication skills, numeracy skills, information skills, problem-solving skills, self-management and competitive skills, social and co-operative skills, physical skills, work and study skills.

Attitudes and values: some are noted in the skills section as qualities, especially under the self-management and social and co-operative headings. The school curriculum is required to foster attitudes and values valued by society in general (*i.e.* honesty and reliability), and by the local community. There is also acknowledgement of, and respect for, the right of individuals and cultures to hold different values."

NORWAY

"Primary and lower secondary education shall, with the understanding of, and in co-operation with, the home, assist in providing pupils with a Christian and ethical upbringing, develop their mental and physical abilities, and give them a broad basis of knowledge so that they can become useful and independent persons in their homes and in society. Schools shall promote intellectual freedom and tolerance and attach importance to establishing a favourable climate of co-operation between teachers and pupils, and between school and home."

SPAIN

"The primary objective of education is to provide boys and girls, young men and women, with full training so that they are able to mould their own, essential identity and construct a concept of reality which they are morally and ethically aware of and value.

This training must be aimed at developing their capacity to critically exercise liberty, tolerance and solidarity in an axiologically plural society."

SWEDEN

"Democratic attitudes and respect for different people and values is the ground and upon that different social skills and values."

SWITZERLAND

"As an example, the curriculum for the Canton of Zurich: ten fundamental attitudes:

1. Knowledge and ability for orientation
2. Responsibility
3. Willingness to achieve
4. Dialogue and Solidarity
5. Awareness of Traditions
6. Environmental Awareness
7. Judgement and Critical Abilities
8. Openness
9. Creativity
10. Reflection."

UNITED STATES

"The educational goals formulations differ from place to place. Many CCC activities are embedded in hidden curricula. In addition, goals are formulated more explicitly in the *National Educational Goals*: 'promote and demonstrate good citizenship, community service and personal responsibility'; 'acquire knowledge and skills from basic to highly technical, needed to adapt to emerging new technologies, work methods'; 'advanced ability to think critically, communicate effectively and solve problems'."

Appendix 4

RESULTS OF THE SCALE ANALYSES

The accompanying tables include the results of the scale analyses discussed in this report, referring to Cronbach alphas. Most of the scale analyses conducted are reliabilities, broken down by participating countries and subgroups within those countries. As mentioned, the applied standards follow the guidelines accepted by the OECD Network A on educational outcome indicators (Phillips, 1993). Values for Cronbach alpha of 0.80 were considered desirable with values of 0.70 as the lower limit of suitability. Scales with reliabilities lower than 0.70 were considered (slightly) problematic while reliabilities lower then 0.60 were found unacceptable.

In addition, Mokken scaling for polychotomous items (Debets and Brouwer, 1989) was adopted. This type of analysis can best be understood as the ordinal counterpart of the better known interval Rasch model. The scalability coefficient for Mokken scaling is Loevinger's H. Values of H lower than 0.30 indicate that there is no scale at all. Values of H between 0.30 and 0.40 point to weak scales while values between 0.40 and 0.50 are evidence of medium scales. A strong scale is indicated by values of H higher than 0.50, but such high values are very rare in practice.

More tables of results (distributions per item as well as distributions of background variables) are available. They can be supplied upon request to the Project Director:

Prof. J.L. Peschar
Department of Sociology
University of Groningen
Grote Rozenstraat 31
9712 TG Groningen
Netherlands
fax: + 31 - 50 - 3636226
phone: + 31 - 50 - 3636218
email: j.l.peschar@ppsw.rug.nl

Scale analysis: political knowledge items

Reliabilities by subgroups	Mercury	Venus	Earth	Mars	Jupiter	Saturn	Uranus	Neptune	Pluto
Gender									
Boys	0.650	0.576	0.718	0.455	0.650	0.639	0.568	0.574	0.494
Girls	0.650	0.480	0.690	0.453	0.656	0.632	0.535	0.649	0.524
Educational level									
Low	0.635	0.556		0.387	0.616	0.605	0.588		0.485
Middle	0.577	0.467		0.358	0.578	0.546	0.321		0.434
High	0.533	0.431		0.471	0.556	0.463	0.492		0.588
Urbanisation level									
Rural			0.614	0.385	0.632	0.639	0.554		0.486
Urban			0.760	0.454	0.661	0.673	0.648		0.520
Without V112	*0.645*	*0.519*	*0.697*	*0.469*	*0.652*	*0.583*	*0.607*	*0.655*	*0.548*
Total sample	0.658	0.548	0.703	0.498	0.656	0.649	0.589	0.635	0.509

V101. Which of the following are most commonly elected by direct popular vote in countries which are democracies?
V102. In most countries all men and women are legally required to (...)
V103. In a democratic political system, which of the following ought to govern the country?
V104. Ideally, in a democratic system, which of the following is supposed to exercise the most important influence in the decision-making process?
V105. General elections are held in democratic countries mainly to (...)
V106. What is the major task of parliament (Congress)?
V107. If your annual money income rises by 5 while prices of the things you buy rise by 10 per cent, then (...)
V108. If there were a high protective tariff in Japan upon watches made in Mexico, who would most directly benefit?
V109. Which of the following would suffer most from the effects of inflation in a highly industrialized economy?
V110. A country's human capital includes which of the following
V111. The term 'guarantee' or 'warranty' refers to a written statement that (...)
V112. Which of the following advertising claims would be most difficult to prove correct: this soap (...)
Source: Author for the OECD.

Domain 1: Knowledge of Politics, Economics and Civics

Scale analysis: women's rights items

Reliabilities by subgroups	Mercury	Venus	Earth	Mars	Jupiter	Saturn	Uranus	Neptune	Pluto
Gender									
Boys	0.831	0.781	0.854	0.660	0.808	0.546	0.801	0.821	0.827
Girls	0.667	0.458	0.677	0.554	0.673	0.777	0.505	0.570	0.649
Educational level									
Low	0.775	0.760		0.605	0.780	0.739	0.695		
Middle	0.812	0.694		0.671	0.860	0.770	0.676		
High	0.780	0.743		0.741	0.797	0.748	0.743		
Urbanisation level									
Rural			0.860	0.700	0.742	0.546	0.713		0.787
Urban			0.842	0.693	0.823	0.765	0.729		0.842
Total sample	0.810	0.754	0.851	0.697	0.791	0.771	0.718	0.809	0.808

V113. Women should run for public office and take part in the government just as men do.
V115. Women should have the same rights as men in every way.
V117. Women should stay out of politics.
V119. Men and women should get equal treatment in all occupations.
V121. When jobs are scarce, men have more right to a job than women.
V123. Political leadership should be mainly entrusted to men.
Source: Author for the OECD.

Scale analysis: criticism items

Reliabilities by subgroups	Mercury	Venus	Earth	Mars	Jupiter	Saturn	Uranus	Neptune	Pluto
Gender									
Boys	0.771	0.744	0.719	0.682	0.743	0.748	0.767	0.785	0.731
Girls	0.785	0.718	0.688	0.631	0.730	0.689	0.777	0.745	0.683
Educational level									
Low	0.779	0.781		0.707	0.672	0.632	0.726		0.731
Middle	0.767	0.662		0.645	0.698	0.721	0.749		0.705
High	0.769	0.727		0.722	0.636	0.743	0.766		0.702
Urbanisation level									
Rural			0.741	0.668	0.737	0.748	0.780		0.687
Urban			0.806	0.719	0.718	0.727	0.768		0.735
Total sample	0.781	0.737	0.775	0.689	0.728	0.723	0.777	0.747	0.718

V114. Citizens must always be free to criticize the government.
V116. People who disagree with the government should be allowed to meet and hold peaceful public protests.
V118. Citizens should feel free to say when they oppose some government decision.
V120. People should not criticize the government.
V122. Citizens must have a chance to say what they think about government decisions.
V124. It is wrong to criticize our government.
Source: Author for the OECD.

Domain 1: Knowledge of Politics, Economics and Civics

Scale analysis: future confidence items

Reliabilities *Cronbach α whole scale*	Mercury	Venus	Earth	Mars	Jupiter	Saturn	Uranus	Neptune	Pluto
TOTAL SAMPLE	0.489	0.518	0.596	0.630	0.540	0.576	0.453	0.546	0.470

Note: Because values were too low no analyses were conducted by subgroups.
V125. People of my age and generation have better chances for the future than ever before.
V127. People of my age and generation don't have any power in society.
V129. People of my age and generation often feel forgotten by society.
V131. There are many opportunities in the next few years for people of my age and generation.
V133. Most other generations have had better opportunities than my generation will have.
Source: Author for the OECD.

Scale analysis: political self-confidence items

Reliabilities by subgroups	Mercury	Venus	Earth	Mars	Jupiter	Saturn	Uranus	Neptune	Pluto
Gender									
Boys	0.659	0.708	0.727	0.764	0.561	0.710	0.725	0.716	0.717
Girls	0.777	0.791	0.745	0.733	0.688	0.625	0.697	0.773	0.756
Educational level									
Low	0.733	0.659		0.728	0.531	0.687	0.689		0.747
Middle	0.761	0.753		0.703	0.667	0.622	0.591		0.704
High	0.751	0.747		0.779	0.686	0.675	0.784		0.771
Urbanisation level									
Rural			0.764	0.731	0.619	0.710	0.697		0.741
Urban			0.694	0.772	0.658	0.658	0.766		0.741
Total sample	0.751	0.736	0.735	0.747	0.639	0.665	0.724	0.751	0.741

V126. I am able to influence decisions in groups.
V128. I can convince others to support candidates I am supporting in a school or class elections.
V130. I can usually persuade others to agree with my opinions.
V132. I am the kind of person who can influence how other people vote in school or class elections.
Source: Author for the OECD.

Domain 1: Knowledge of Politics, Economics and Civics

Scale analysis: tolerance items

	Mercury	Venus	Earth	Mars	Jupiter	Saturn	Uranus	Neptune	Pluto
Mokken scale analysis									
Loevinger's H for scales without V138 and V141	0.44	0.46	0.43	0.44	0.51	0.44	0.43	0.47	0.37
Reliability scale analysis									
Without V138 V141	0.727	0.745	0.779	0.697	0.763	0.689	0.750	0.745	0.674
Total sample	0.595	0.613	0.700	0.561	0.644	0.594	0.570	0.668	0.536

What rights and opportunities should these students have at school?
V134. Students who have difficulties in learning.
V135. Students who have immigrated from another country.
V136. Students who must use a wheelchair.
V137. Students who are ——— (ethnic minority).
V138. Students who often disrupt classes.
V139. Students who are homeless.
V140. Students who do not speak ——— well.
V141. Students who often fight with other students.
Source: Author for the OECD.

Scale analysis: tolerance items

Mokken scale analysis *Loevinger's H for total samples and subgroups*	Mercury	Venus	Earth	Mars	Jupiter	Saturn	Uranus	Neptune	Pluto
Gender									
Boys	0.46	0.44	0.44	0.43	0.51	0.50	0.40	0.48	0.38
Girls	0.44	0.50	0.44	0.43	0.51	0.40	0.45	0.41	0.36
Educational level									
Low	0.43	0.36		0.42	0.48	0.46	0.36		0.35
Middle	0.44	0.43		0.46	0.56	0.36	0.39		0.37
High	0.49	0.51		0.43	0.55	0.48	0.53		0.39
Urbanisation level									
Rural			0.43	0.40	0.50	0.43	0.39		0.34
Urban			0.43	0.50	0.53	0.46	0.52		0.39
Total sample	0.44	0.46	0.43	0.44	0.51	0.44	0.43	0.47	0.37

What rights and opportunities should these students have at school?
V134. Students who have difficulties in learning.
V135. Students who have immigrated from another country.
V136. Students who must use a wheelchair.
V137. Students who are ———— (ethnic minority).
V138. Students who often disrupt classes.
V139. Students who are homeless.
V140. Students who do not speak ———— well.
V141. Students who often fight with other students.
Source: Author for the OECD.

Domain 1: Knowledge of Politics, Economics and Civics

Scale analysis: political discussion and participation items

Reliabilities by subgroups	Mercury	Venus	Earth	Mars	Jupiter	Saturn	Uranus	Neptune	Pluto
Gender									
Boys	0.847	0.832	0.883	0.827	0.850	0.797	0.830	0.838	0.796
Girls	0.838	0.819	0.878	0.867	0.823	0.821	0.810	0.868	0.782
Educational level									
Low	0.848	0.840		0.837	0.831	0.810	0.848		0.790
Middle	0.848	0.825		0.861	0.858	0.803	0.763		0.764
High	0.828	0.812		0.828	0.832	0.821	0.812		0.815
Urbanisation level									
Rural			0.877	0.837	0.828	0.797	0.819		0.797
Urban			0.879	0.862	0.853	0.814	0.814		0.782
Without V151, V152, V153	*0.818*	*0.789*	*0.858*	*0.825*	*0.818*	*0.790*	*0.785*	*0.836*	*0.742*
Total sample	0.841	0.820	0.880	0.847	0.839	0.811	0.816	0.853	0.788

How often do you have discussions of what is going on in your national government.
V142. With people of your own age outside school?
V143. With parents or other adults in your home?
V144. With teachers in school?
How often do you have discussions of what is happening in other countries.
V145. With people of your own age outside school?
V146. With parents or other adults in your home?
V147. With teachers in school?
How often do you have discussions of problems of the environment.
V148. With people of your own age outside school?
V149. With parents or other adults in your home?
V150. With teachers in school?
How often do you have discussions of problems of people out of work.
V151. With people of your own age outside school?
V152. With parents or other adults in your home?
V153. With teachers in school?
V154. How often do you read items (stories) in the newspaper about what is going on in your national government?
V155. How often do you read items (stories) in the newspaper about what is happening in other countries?
V156. How often do you listen to national news broadcasts?
Source: Author for the OECD.

Scale analysis: persistence

Reliabilities by subgroups	Mercury	Venus	Earth	Mars	Jupiter	Saturn	Uranus	Neptune	Pluto
Gender									
Boys	0.821	0.816	0.738	0.737	0.789	0.796	0.792	0.824	0.791
Girls	0.813	0.798	0.800	0.812	0.817	0.829	0.806	0.792	0.799
Educational level									
Low	0.791	0.721		0.677	0.770	0.809	0.799		0.829
Middle	0.832	0.802		0.816	0.814	0.796	0.790		0.792
High	0.844	0.832		0.757	0.827	0.841	0.800		0.768
Urbanisation level									
Rural			0.753	0.782	0.820	0.819	0.789		0.798
Urban			0.797	0.802	0.796	0.818	0.815		0.808
Total sample	0.823	0.813	0.776	0.789	0.807	0.818	0.800	0.811	0.805

V301. How hard do you work for school?
V302. How great is your persistence when you have to cope with school tasks?
V303. How ambitious are you in trying to achieve good grades at school?
V305. I only feel comfortable when I have done my work well.
V307. For school I work thoroughly (carefully) and exactly.
V308. I do my homework regularly.
V311. I am one of those pupils who likes studying.
Source: Author for the OECD.

Domain 3: Self-Perception/Self-Concept

Scale analysis: agency beliefs/effort

Reliabilities by subgroups	Mercury	Venus	Earth	Mars	Jupiter	Saturn	Uranus	Neptune	Pluto
Gender									
Boys	0.752	0.785	0.741	0.739	0.759	0.763	0.763	0.773	0.783
Girls	0.745	0.756	0.747	0.790	0.748	0.835	0.786	0.824	0.747
Educational level									
Low	0.670	0.757		0.650	0.706	0.770	0.789		0.754
Middle	0.764	0.804		0.797	0.717	0.770	0.791		0.779
High	0.800	0.777		0.769	0.797	0.837	0.763		0.759
Urbanisation level									
Rural			0.740	0.770	0.755	0.789	0.781		0.774
Urban			0.750	0.758	0.748	0.810	0.781		0.782
Total sample	0.747	0.780	0.745	0.766	0.750	0.796	0.780	0.795	0.771

V334. I can really pay attention in class.
V335. When it comes down to it, I can really work hard at school.
V336. If I decide to, I can listen very carefully to what my teacher says.
V337. I have a hard time making myself listen carefully to my teachers.
V338. It's hard for me to really put in enough effort at school.
V339. I have trouble paying attention in class.
Source: Author for the OECD.

Scale analysis: perceived ability

Reliabilities by subgroups	Mercury	Venus	Earth	Mars	Jupiter	Saturn	Uranus	Neptune	Pluto
Gender									
Boys	0.654	0.632	0.694	0.636	0.587	0.613	0.621	0.707	0.623
Girls	0.685	0.680	0.696	0.713	0.618	0.595	0.718	0.806	0.669
Educational level									
Low	0.650	0.590		0.330	0.626	0.564	0.649		0.688
Middle	0.714	0.573		0.700	0.543	0.629	0.637		0.615
High	0.686	0.694		0.727	0.695	0.638	0.721		0.653
Urbanisation level									
Rural			0.702	0.665	0.626	0.591	0.676		0.662
Urban			0.699	0.684	0.636	0.621	0.744		0.643
Total sample	0.678	0.651	0.702	0.672	0.633	0.599	0.700	0.776	0.653

V323. I often think that I am not as smart as my classmates.
V324. Although I often try very hard I don't master things that others do easily.
V325. I wish I were as smart as others are.
V340. If you think of all your classmates, how do you judge your ability to do well at school?
V341. If you think of all the pupils of your age, how would you judge your ability to do well at school?
Source: Author for the OECD.

Domain 3: Self-Perception/Self-Concept

Scale-analysis: self-acceptance

Reliabilities by subgroups	Mercury	Venus	Earth	Mars	Jupiter	Saturn	Uranus	Neptune	Pluto
Gender									
Boys	0.500	0.662	0.725	0.476	0.599	0.715	0.742	0.629	0.662
Girls	0.553	0.683	0.739	0.635	0.643	0.724	0.693	0.759	0.730
Educational level									
Low	0.524	0.664		0.464	0.692	0.670	0.700		0.730
Middle	0.551	0.639		0.611	0.571	0.772	0.703		0.720
High	0.519	0.700		0.629	0.613	0.761	0.754		0.699
Urbanisation level									
Rural			0.791	0.560	0.657	0.712	0.706		0.716
Urban			0.670	0.630	0.656	0.761	0.762		0.712
Total sample	0.538	0.681	0.736	0.592	0.641	0.732	0.728	0.746	0.717

V330. I certainly feel useless at times.
V331. On the whole I am satisfied with myself.
V332. I feel that I have a number of good qualities.
V333. At times I think I am no good at all.
Source: Author for the OECD.

Scale analysis: test anxiety

Reliabilities by subgroups	Mercury	Venus	Earth	Mars	Jupiter	Saturn	Uranus	Neptune	Pluto
Gender									
Boys	0.621	0.644	0.534	0.571	0.569	0.616	0.619	0.665	0.620
Girls	0.680	0.699	0.655	0.507	0.613	0.722	0.706	0.752	0.626
Educational level									
Low	0.651	0.630		0.508	0.701	0.707	0.707		0.626
Middle	0.708	0.555		0.573	0.597	0.659	0.696		0.635
High	0.634	0.709		0.589	0.503	0.675	0.629		0.686
Urbanisation level									
Rural			0.661	0.627	0.630	0.687	0.651		0.642
Urban			0.599	0.476	0.612	0.684	0.721		0.654
Total sample	0.671	0.669	0.631	0.573	0.619	0.686	0.674	0.729	0.650

V326. When the worksheets for a test are handed out (distributed) I usually feel my heart beat strongly.
V327. Before examinations I often have butterflies in my stomach and feel as if I have stomach-ache.
V328. If I encounter difficulties in examinations I easily feel discouraged and get anxious about having bad grades.
V329. I often cannot sleep at night because I worry about examinations.
Source: Author for the OECD.

RÉSUMÉ

Outre les indicateurs sur le rendement et la réussite scolaires qu'on possède déjà, on a constaté qu'il était nécessaire de disposer d'indicateurs de l'enseignement plus larges. On manque en général d'informations permettant de répondre à la question suivante : « De quelles compétences les jeunes adultes arrivés en fin de scolarité ont-ils besoin pour être capables de jouer un rôle constructif dans la société en tant que citoyen ? ». Les connaissances et les compétences fondamentales dispensées par le biais de l'enseignement sont-elles essentielles pour leur permettre de mener une vie utile au plan social et individuel ? Le projet sur les compétences transdisciplinaires vise à élaborer des indicateurs pour quatre domaines particuliers : la résolution de problèmes et la pensée critique ; la communication ; les valeurs politiques, démocratiques, économiques et sociales ; et enfin, la perception de soi et la confiance en soi. Ces compétences, dites de « survie », sont intégrées dans un ensemble d'instruments reflétant les défis que doivent relever les jeunes dans la « vie réelle ».

Le présent rapport présente les conclusions d'une vaste étude pilote réalisée en 1994/95 dans neufs pays et communautés (l'Autriche, les communautés francophone et flamande de Belgique, les États-Unis, la Hongrie, l'Italie, la Norvège, les Pays-Bas et la Suisse) en vue d'examiner la faisabilité de ces nouveaux indicateurs de réussite scolaire et les conditions nécessaires à la poursuite de leur mise au point. Le rapport révèle que la démarche est très utile puisqu'il a été démontré que dans deux des quatre domaines étudiés, on peut obtenir des indicateurs présentant un caractère scientifique. L'étude ouvre donc de vastes perspectives de développement pour les années à venir.

I

POURQUOI S'INTÉRESSER AUX COMPÉTENCES TRANSDISCIPLINAIRES ?

CONSIDÉRATIONS GÉNÉRALES

De tout temps et en tous lieux, les programmes scolaires tout comme les objectifs éducatifs et les moyens de les atteindre ont suscité, parmi les nombreux intervenants du secteur de l'enseignement, des débats et des controverses dont l'évolution dépend beaucoup du contexte particulier dans lequel ils prennent place. A l'heure actuelle, deux phénomènes de nature générale ont une incidence sur l'enseignement et donnent lieu à des discussions sur ses objectifs :

- Premièrement, l'évolution des sociétés occidentales et la transformation du travail obligent les futurs citoyens à maîtriser différents types de compétences. L'enseignement a pour mission de les leur inculquer.
- Deuxièmement, le public étant de plus en plus conscient de la complexité des processus de gestion, on est amené à faire une place plus large à la transparence, au suivi et à l'évaluation et dès lors à utiliser des indicateurs dans divers secteurs de la politique sociale, notamment dans l'enseignement. Les indicateurs, en particulier ceux qui mesurent les résultats, sont donc en passe de devenir de puissants outils de contrôle, d'orientation et de direction.

Dans les années 80, l'OCDE a lancé un projet à grande échelle, intitulé INES, destiné à mettre au point des indicateurs internationaux sur les systèmes d'enseignement (OCDE, 1992*b*). A mesure que se déroulait le projet, des divergences sont apparues entre les multiples objectifs éducatifs et les indicateurs relativement étroits utilisés pour mesurer les résultats scolaires. Au début des années 90, on a rallié assez de suffrages pour pouvoir lancer une étude de faisabilité devant permettre de découvrir s'il était possible d'élaborer des indicateurs qui rendraient mieux justice au caractère multidimensionnel de l'enseignement.

Le présent rapport traite principalement d'une étude de faisabilité qui vise à mesurer les compétences transdisciplinaires (CCC). Nous commençons toutefois par examiner le contexte général de l'étude en explicitant les deux tendances susmentionnées. Afin de réduire les divergences qui avaient été décelées, il a fallu trouver un équilibre entre les intérêts politiques et les normes scientifiques. Nous décrivons ci-après la démarche que nous avons adoptée à cette fin, avant d'apporter des précisions sur le projet CCC lui-même.

Compétences exigées des futurs citoyens

Il y a plus de quinze ans, analysant les problèmes qu'affrontait l'enseignement, McMullen résumait ainsi la situation :

> « Le "but" de l'éducation en est venu récemment à être conçu comme d'aider à un plein épanouissement individuel, sur les plans intellectuel, affectif, physique, de sorte que chacun puisse vivre une vie personnelle satisfaisante au sein du petit groupe social où elle se déroulera, et apporter sa contribution positive à la vie économique, politique et sociale de l'ensemble humain plus vaste auquel il appartient » (McMullen, 1978, p. 110).

Il y a une dizaine d'années, le Conseil de l'Europe a poursuivi ce raisonnement, concluant que l'enseignement « a plus que jamais auparavant un rôle crucial à jouer pour former des individus indépendants et responsables » (cité dans Edwards *et al.*, 1994, p. 192), et que :

> « Les systèmes éducatifs doivent donner à tous les jeunes l'occasion d'acquérir un savoir, des attitudes et des compétences essentielles dans les domaines clés suivants, étroitement liés les uns aux autres : *i)* préparation à la vie dans une société démocratique (...) ; *ii)* préparation à la vie personnelle (...) ; *iii)* préparation à la vie culturelle (...) ; *iv)* préparation au monde du travail » (*op. cit.*, p. 193).

En octobre 1994, lors de la Conférence internationale de l'Éducation à Genève, il a été décidé de réserver la plus haute priorité « aux actions visant à encourager la compréhension, la solidarité et la tolérance entre personnes, entre groupes ethniques, sociaux, culturels ou religieux, et aussi entre nations » (*Information et innovation en éducation*, n° 81, décembre 1994, p. 1). La déclaration adoptée à la Conférence stipule ce qui suit :

> « Nous, ministres de l'Éducation (...) convaincus que l'éducation doit promouvoir des connaissances, des valeurs, des attitudes et des aptitudes favorables au respect des droits de l'homme ainsi qu'à un engagement actif en faveur de la défense de ces droits et de la construction d'une culture de paix et de démocratie, (...) nous nous efforçons résolument :
>
> – de fonder l'éducation sur des principes et des méthodes qui concourent à l'épanouissement de la personnalité d'élèves, d'étudiants et d'adultes respectueux de leurs semblables et déterminés à promouvoir les droits de l'homme, la démocratie et la paix ;
>
> – de prendre des dispositions appropriées pour instaurer dans les établissements scolaires un climat contribuant au succès de l'éducation pour la compréhension internationale, afin qu'ils deviennent des lieux privilégiés

d'exercice de la tolérance, du respect des droits de l'homme, de pratique de la démocratie et d'apprentissage de la diversité et de la richesse des identités culturelles. »

Ces diverses affirmations indiquent que le bouleversement des fonctions sociales de l'éducation auquel nous assistons est plus que passager. La priorité accordée à ses objectifs sociaux semble en fait s'accroître au fil des ans.

Dans le cadre du projet INES, une enquête a récemment été menée dans douze pays de l'OCDE afin d'évaluer les attentes du public à l'égard de l'enseignement (OCDE, 1995*d*). Les résultats montrent que le public juge certes important que les écoles enseignent des matières spécifiques aux élèves (voir figure 1). Mais il attache une importance plus grande encore à des qualités telles que la confiance en soi, les qualifications et les connaissances requises pour l'obtention d'un emploi, et l'aptitude à vivre dans une société où évoluent des personnes d'origines différentes. Il considère que les écoles ont aussi pour tâche d'inculquer ces qualités aux élèves.

L'évolution des sociétés occidentales et la transformation du travail peuvent expliquer l'intérêt porté aux objectifs sociaux de l'enseignement. La structure de la société se fissure à mesure qu'augmente la diversité des cultures, des valeurs et des préférences dans les pays (Holmes, 1992). En même temps, les institutions qui préservent traditionnellement l'unité, comme la famille, luttent pour assurer leur propre survie. Il s'exerce dès lors une pression considérable sur les écoles afin qu'elles assurent l'unification de la société.

Comme la société devient de plus en plus complexe et que les technologies de l'information se développent à un rythme rapide, la nature du travail et de la vie quotidienne subit une profonde mutation. Pouvoir affronter le changement constitue en soi une qualité importante, de même qu'arriver à comprendre une quantité croissante d'informations et à résoudre un flot continu de problèmes nouveaux. Comme en outre les individus dépendent davantage des biens et des services produits par d'autres, l'aptitude à communiquer et à collaborer avec autrui devient essentielle pour le bien-être personnel et en fin de compte, pour la survie dans le monde moderne (voir OCDE, 1992*a*).

Il convient de souligner que les objectifs économiques de l'enseignement ne s'opposent pas à ses objectifs sociaux. Tout d'abord, les employeurs ne s'intéressent pas seulement aux résultats cognitifs ; ils accordent une place de choix aux valeurs, aux compétences et aux comportements interpersonnels (voir, par exemple, *Education Daily*, 22/2/1995). Ensuite, ce ne sont pas seulement les acquis scolaires cognitifs qui contribuent au développement économique. Beaucoup semblent reconnaître que :

« L'enseignement et la formation favorisent la performance économique de diverses façons, qui dépassent largement la transmission des connaissances théoriques et pratiques et comprennent l'acquisition de qualités moins

◆ Figure 1. **Compétences nécessaires et importantes à acquérir pendant l'éducation**
Opinions dans 12 pays de l'OCDE

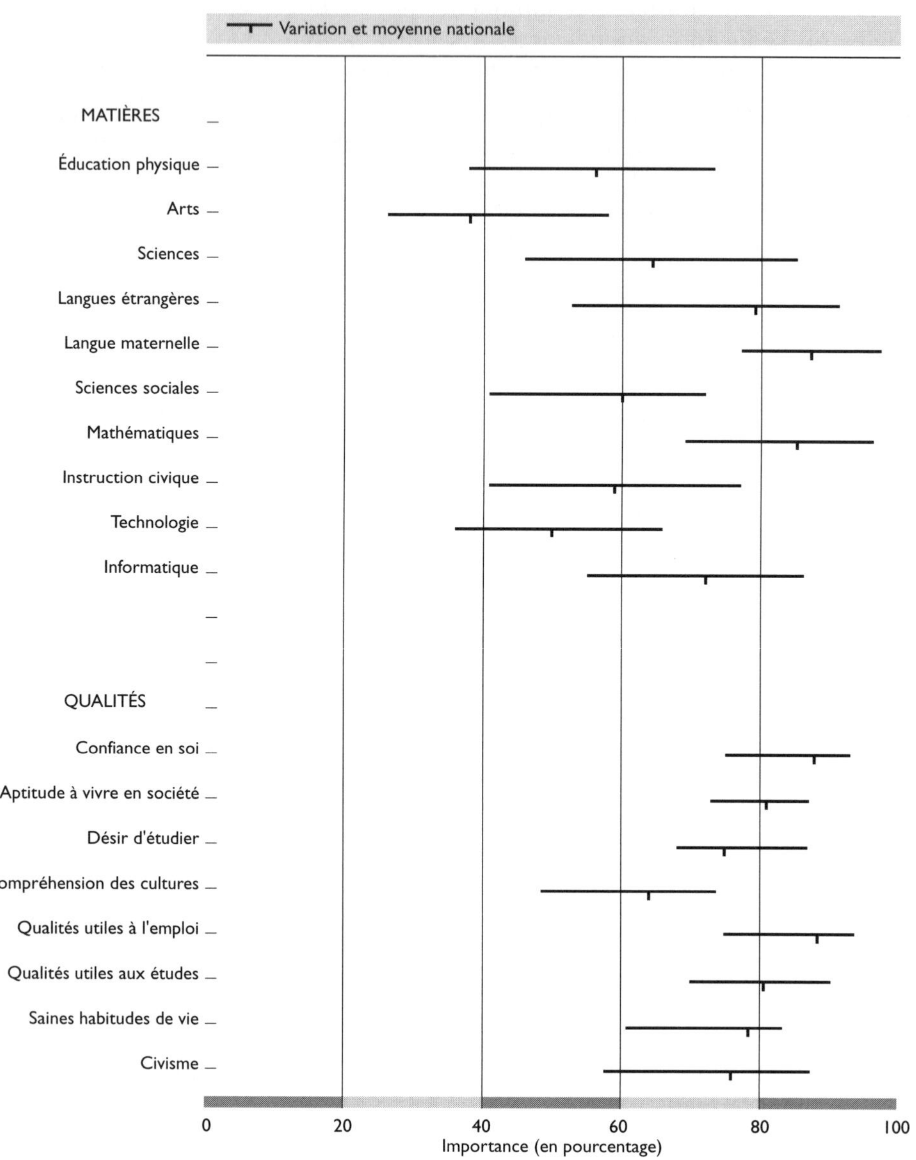

Source : Adapté de l'OCDE (1995*d*).

tangibles, mais très réelles néanmoins, telles que les attitudes à l'égard de l'innovation, de la coopération, de la productivité, et les valeurs attribuées à des occupations et des activités économiques différentes » (OCDE, 1989, p. 44).

La quantité et la qualité des ressources humaines deviennent vitales pour de nombreuses démocraties occidentales, compte tenu de la mondialisation de la concurrence. Le « changement » devenant en soi une caractéristique de la société, le concept d'éducation permanente figure en bonne place au programme des pouvoirs publics (OCDE, 1994*b*; 1996). Les attitudes positives requises à l'égard de l'apprentissage sont induites, voire même générées, par l'enseignement lui-même.

Utilisation croissante des indicateurs

Après l'essor de l'économie et de la bureaucratie enregistré dans les années 60 et 70 suivi de la récession mondiale des années 80, de nouvelles solutions ont dû être apportées aux vieux problèmes de production et de distribution. Dans de nombreuses régions du monde, les gouvernements ont cherché la réponse à ces difficultés dans un rééquilibrage entre la fourniture de biens et de services par l'État d'une part, et par le secteur privé d'autre part. Le choix des consommateurs et la décentralisation, de formes et de degrés variables, sont des thèmes qui reviennent fréquemment dans cette tentative d'équilibrage (Hirsch, 1994). Les changements opérés s'accompagnent souvent d'un intérêt accru pour le suivi et la transparence, qui permettent de vérifier si la liberté acquise produit les effets escomptés (Michel et MacBeath, 1995; OCDE, 1995*e*). En conséquence, les indicateurs sont de plus en plus utilisés dans de nombreux secteurs de la politique sociale, car ce sont de puissants outils de « gestion à distance ». Les changements conduisent aussi à accorder plus d'importance à ce qui sort du système qu'à ce qui y entre et à ce qui s'y passe. Autrement dit, on tend à privilégier les résultats, ou « output », au détriment de l'« input » et des processus. Alliés ou non à un objectif d'amélioration de la qualité des biens et des services, les indicateurs, en particulier les indicateurs de résultats, deviennent de puissants instruments de contrôle, d'orientation et de direction.

Ces questions d'ordre plus général ont également influé sur le débat concernant l'enseignement. Les théories sur le bien-être social et le rôle de l'État ayant évolué, la manière dont est dispensé l'enseignement commence à être examinée de plus près. La perte d'importance de la quantité au profit de la qualité ne passe pas non plus inaperçue; on s'intéresse moins à la croissance rapide de la scolarisation – et à la gestion de cette croissance – qu'à l'amélioration des écoles, à leur qualité et à leur excellence et aux moyens d'y parvenir (Bottani et Tuijnman, 1994; Chalker et Haynes, 1994).

Comme nous l'avons indiqué plus haut, plusieurs de ces questions découlent du constat que, face à la mondialisation de la concurrence, la qualité du capital humain est devenue vitale, tout comme son ampleur. Les indicateurs de mesure des acquis scolaires deviennent des outils indispensables sur la scène nationale et internationale.

Jusqu'à présent, le projet INES de l'OCDE a utilisé les données recueillies par l'Association internationale pour l'évaluation du rendement scolaire (IEA) et l'IAEP (*International Assessment of Educational Progress*) pour mettre au point des indicateurs de résultats en mathématiques, en sciences et en lecture (voir, par exemple, OCDE, 1995*a*). Il est incontestable que les compétences dans ces matières sont importantes et le resteront. Mais ces indicateurs examinent seulement certains aspects du rôle que jouent les écoles auprès des élèves et de la société dans son ensemble. La fonction sociale de l'enseignement est en train de prendre une place prioritaire, et les écoles sont chargées de préparer les élèves à devenir les citoyens de demain. Au moment où elles s'attaquent à des domaines nouveaux et où les pouvoirs publics accordent une priorité croissante aux activités qu'elles mènent en ce sens, les indicateurs de résultats en mathématiques, en sciences et en lecture ne sont plus suffisants.

LE BESOIN DE NOUVEAUX INDICATEURS

L'appel en faveur de nouveaux indicateurs est plus large qu'auparavant, sous différents points de vue.

On sait en fait peu de choses sur le rendement des élèves en ce qui concerne les compétences et les attitudes dont ils auront besoin pour affronter les tâches redoutables qui s'annoncent et qui sont jugées d'importance vitale pour les rapports sociaux et pour la société dans son ensemble. Jeny Oakes fait remarquer que ce manque de connaissances et de compréhension n'est pas sans receler des dangers, étant donné l'influence qu'exercent sur le système les dispositifs de mesure en vigueur.

> « L'existence même des indicateurs influe sur le fonctionnement des écoles. Nous savons depuis un certain temps que les tests normalisés externes façonnent la nature des programmes scolaires » (Oakes, 1989, p. 183).

L'absence de bons indicateurs pour ce qu'on appelle les compétences transdisciplinaires comporte donc un risque : les systèmes éducatifs seront tenus pour responsables des capacités de leurs élèves en lecture, en écriture et en calcul seulement (voir Darling-Hammond, 1994).

Au début des années 70, quelques dizaines d'années avant que l'intérêt manifesté aujourd'hui pour les indicateurs ne se fasse jour, l'IEA a mené une étude sur l'instruction civique comportant des questions destinées à mesurer les connaissances d'ordre politique ainsi que les attitudes à l'égard de la politique (Torney *et al.*, 1975). L'instruction civique était la seule des six matières analysées à l'époque par l'IEA à n'être pas clairement liée aux programmes d'enseignement. Bien qu'aucun « indicateur » en tant que tel n'ait été mentionné, beaucoup de questions incluses dans cette enquête se rapprochent assez nettement de la notion de compétences transdisciplinaires (et ont servi de base à certains des instruments employés dans le domaine 1 de la présente étude).

Ces dernières années, les spécialistes se sont demandés avec inquiétude si les systèmes éducatifs permettant aux élèves d'atteindre de hauts niveaux dans les matières traditionnelles ne sacrifiaient pas à cet effet d'autres aspects importants de l'enseignement tels que la créativité, l'esprit critique et la confiance en soi (voir, par exemple, OCDE, 1989; 1995*c*). Si l'évaluation de la scolarité ne consiste pas simplement à s'attacher aux éléments qui ont été mesurés jusqu'ici – et qui peuvent l'être assez facilement – nous devons construire de nouveaux indicateurs. Patricia Broadfoot a de ce fait lancé un appel en faveur de l'élargissement des « profils » de réussite :

> « (...) la tâche à laquelle sont confrontés les responsables de l'évaluation des systèmes éducatifs consiste donc à élaborer des indicateurs qui correspondent à l'ensemble des objectifs de l'enseignement » (Broadfoot, 1994, p. 259).

L'expérience acquise dans le secteur de la recherche comparative en éducation conduit à des conclusions similaires. Comme deux chercheurs réputés, Eckstein et Noah, l'ont souligné à maintes reprises, nous devons étendre les connaissances que nous tirons des évaluations et des études sur la réussite scolaire à une large gamme de qualifications acquises à l'école. Il est clair, à la lecture de leurs travaux sur les examens dans les écoles secondaires (1992, 1993), qu'une multitude de qualifications sont acquises pendant cette phase importante de la vie. Eckstein et Noah signalent néanmoins des variations importantes entre les systèmes d'examens des pays étudiés (États-Unis, Angleterre et pays de Galles, Suède, Russie, Chine, Allemagne, France et Japon). Ils sous-entendent que dans plusieurs pays, certaines compétences et attitudes non liées au programme d'enseignement peuvent constituer une part importante des examens. Dans quelques pays par exemple, l'identité nationale est nettement perçue comme une compétence et dans d'autres, l'attitude à l'égard de l'égalité revêt une grande importance.

Pour qu'un indicateur puisse servir d'outil d'évaluation, un bon nombre de conditions doivent être remplies. Owen *et al.* (1995, p. 227) les énumèrent avec précision :

> « En d'autres termes, les indicateurs doivent être :
> - comparables au fil du temps et entre les entités, ou par rapport à des normes ;
> - considérés par tous les intervenants comme une mesure utile d'une valeur énoncée ;
> - sensibles à l'évolution du phénomène sous-jacent ;

– fondamentalement distincts des autres indicateurs ;
– modifiables par une intervention positive ; et
– étayés par des données qui sont accessibles et continueront probablement de l'être. »

De toute évidence, avant qu'un indicateur ne soit mis au point et ne soit prêt à l'emploi, une somme considérable de travail doit être fournie. Il est clair aussi qu'à court terme, l'utilisation des indicateurs est fonction de la disponibilité des données et des techniques de mesure.

Qui plus est, l'élaboration d'indicateurs dans un contexte international s'avère une entreprise de taille. Si, en outre, les indicateurs semblent concerner directement ou indirectement des attitudes, ou le domaine de la famille, ou des institutions autres que l'école, de nouveaux problèmes se posent (Torney-Purta, 1994, étudie divers moyens d'aborder ce genre d'indicateurs de résultats d'ordre affectif). Un équilibre précaire doit aussi être établi entre les intentions politiques et les normes scientifiques, entre les problèmes d'idéologie et de méthodologie, entre la pertinence politique et la pure fascination, entre l'abandon de sujets ne faisant pas l'unanimité et le maintien d'un contenu suffisant. Toutes les étapes du processus, y compris les aspects courants comme le choix des items et les techniques de mesure, ont des implications politiques (Bottani et Tuijnman, 1994). En ce cas, il « est tentant de concentrer les travaux sur l'amélioration de la base scientifique des indicateurs » (*op. cit.*, p. 32). Or, l'état actuel des connaissances dans le domaine des sciences sociales ne permet pour ainsi dire jamais de disposer d'une base scientifique incontestée. En conséquence, si l'on se concentre strictement sur le travail conceptuel, on court le risque que « la publication d'un système d'indicateurs de l'enseignement [soit] indéfiniment reportée » (*ibid.*). Les controverses de nature politique ne peuvent, et ne doivent sans doute pas, être réglées uniquement à l'aide d'arguments scientifiques. Aussi a-t-il fallu, lors du lancement et de la réalisation de l'étude de faisabilité sur les CCC, trouver un juste milieu entre les possibilités dont on disposait et les objectifs futurs.

Après cet aperçu très général et avant de nous tourner vers les activités proprement dites menées au cours des diverses étapes du projet, il convient d'examiner plus particulièrement l'intérêt que présentent les compétences transdisciplinaires pour l'individu et l'ensemble de la société, et pour la politique de l'éducation.

Intérêt pour l'individu

Les compétences dites transdisciplinaires ont un impact considérable dans la vie des individus. Le rythme auquel elles sont acquises est lui aussi important, parce qu'elles sont cumulatives. En psychologie génétique, on fait valoir que la maîtrise de compétences comme celles qui sont incorporées dans le projet CCC est importante à partir de la prime adolescence. Ces compétences s'accumulent au cours des années d'enseignement secondaire, puis on commence à s'en servir au moment du passage de l'école à la vie active (c'est-à-dire au début de l'âge adulte). On considère que l'acquisition de connaissances, d'attitudes et de compétences induisant une « conduite conforme à l'intérêt collectif » réduit les comportements à risques plus tard dans la vie : alcoolisme, difficultés dans les relations interpersonnelles et chômage. Certains affirment aussi que ce type de compétences – en particulier les compétences sociales – ont un rapport avec la santé mentale. De nombreuses publications traitent par ailleurs de la formation à la vie sociale dispensée aux détenus, aux jeunes délinquants et aux toxicomanes afin de prévenir la récidive (par exemple, Bellack et Hersen, 1979 ; Hollin et Trower, 1986).

L'évolution technologique et l'économie postindustrielle exigent que les employés acquièrent sans cesse de nouveaux savoir-faire. Quelques années après l'obtention de leur diplôme, leurs qualifications ne répondent plus aux exigences professionnelles sur le marché du travail, de sorte qu'ils doivent prolonger leurs études et leur formation. En partie à cause de la rapidité des changements, les techniques de communication et l'aptitude à résoudre des problèmes ont pris une importance particulière. Dans un tel contexte, la flexibilité et une attitude positive à l'égard de l'apprentissage permanent sont très prisées, non seulement dans la vie professionnelle mais aussi dans la vie quotidienne.

Au cours de leur vie, les enfants sont socialisés et initiés aux secrets de la société. Certains de ces secrets ont leurs racines dans les activités et les travaux scolaires, mais beaucoup sont révélés à la nouvelle génération par le biais de pratiques et de processus non structurés, car tout n'est pas planifié et une bonne part des acquis découle involontairement de l'apprentissage. Il arrive certes que l'école serve de cadre à ces processus, mais bien souvent d'autres intervenants importants jouent un rôle significatif à cet égard.

Ce qu'il convient de souligner ici, c'est que les connaissances, les attitudes et les aptitudes décrites sous l'appellation compétences transdisciplinaires constituent un élément vital de l'éducation et sont, dans bien des cas, décisives pour la carrière d'un individu. Dans la plupart des pays développés, le niveau de l'enseignement institutionnalisé s'est élevé considérablement, en particulier depuis vingt ans. Le besoin de travailleurs qualifiés s'est lui aussi accru, mais généralement pas au même rythme que le niveau éducatif. Par conséquent, beaucoup d'étudiants affrontent une vive concurrence sur le marché du travail, où se retrouvent nombre de leurs condisciples tout aussi qualifiés qu'eux. La maîtrise de compétences et de savoir-faire inhabituels est alors déterminante pour l'obtention d'un emploi. Dans les sociétés où le niveau d'instruction est très élevé, les compétences sociales sont au moins aussi importantes que le savoir classique acquis à l'école : elles deviennent des compétences de « survie ».

Pour l'individu, l'importance attachée aux CCC est significative, et les indicateurs sont nécessaires pour vérifier leur acquisition au fil du temps.

Intérêt pour la société

Pour qu'une société puisse se maintenir et se développer, ses futurs dirigeants, gestionnaires, hommes politiques, décideurs et scientifiques doivent posséder certaines capacités. Le concept d'intelligentsia propre à l'Europe centrale fait référence à ces personnes et à leur savoir-faire. La société deviendra de plus en plus complexe dans l'avenir. Certains phénomènes comme l'innovation technologique et l'évolution des relations de travail ont une forte répercussion sur la société et les citoyens qui la composent. Pour maîtriser les problèmes sociaux, les individus devront posséder une bonne dose de créativité et de confiance en soi.

Nous avons déjà évoqué les valeurs et attitudes communes transmises par le système scolaire. Ces systèmes de valeurs étayent une fonction essentielle de l'enseignement, à savoir l'intégration de tous les membres de la société. Cette fonction d'intégration devient particulièrement importante à mesure que la société se diversifie. Dans les sociétés très développées, les citoyens auront des origines ethniques et des antécédents culturels de plus en plus variés, et on y observera de pair une tendance à l'individualisme.

En même temps, l'intégration dans des entités plus larges est manifeste. Les individus sont de plus en plus enracinés dans de vastes institutions sociales et sont censés se sentir responsables d'un monde en essor constant. La télévision par satellite nous rapproche des antipodes, tandis que l'unification européenne coiffe un nombre croissant de pays et de problèmes. Dans un tel contexte, la compréhension d'autres cultures devient une nécessité absolue. Les compétences qu'implique cette compréhension sont pratiquement indispensables à la survie dans les sociétés modernes. On en arrive ainsi à s'interroger sur la notion de préparation à la vie active. Suffit-il de maîtriser certaines disciplines et de posséder un diplôme ? Ou bien d'autres qualités telles que la flexibilité, la confiance en soi et l'attitude positive à l'égard du travail sont-elles tout aussi utiles ? On appelle souvent ce type de compétences qualifications socio-normatives, par opposition aux qualifications techniques et instrumentales liées aux disciplines enseignées.

On peut espérer que les défis qu'affronte la société sont pris en considération dans les objectifs officiels de l'enseignement (voir appendice 3, p. 89) et qu'ils sont inclus – quelque part – dans les programmes d'études. Mais on ignore encore dans une large mesure si l'enseignement atteint ces objectifs éducatifs, soit par le biais de programmes « occultes », soit par l'acquisition des CCC.

Intérêt pour la politique

L'information concernant les indicateurs de compétences transdisciplinaires présente-t-elle une utilité pour la politique ? On peut avancer quatre arguments pour montrer la pertinence des indicateurs de CCC à cet égard.

Tout d'abord, les indicateurs de CCC permettront de mettre en contraste les objectifs éducatifs énoncés avec les compétences acquises par les élèves, et les concepteurs et décideurs du secteur de l'enseignement pourront obtenir de l'information en retour. Il peut être bon ici de faire référence au projet GOALS, également entrepris par le Réseau A du projet INES, qui complète en ce sens le projet CCC. GOALS est en effet chargé de recenser les objectifs éducatifs des pays de l'OCDE à partir de relevés détaillés, et on peut espérer qu'à long terme, le projet permettra de se faire une idée plus claire des objectifs pour lesquels des indicateurs pourront être mis au point, en particulier dans le domaine des CCC (pour toute précision sur le projet GOALS, consulter Granheim et Pettersson, 1995 ; et Eggen-Knutsen, 1995). Il sera alors possible d'englober dans le débat sur la qualité de l'enseignement certaines finalités importantes de l'enseignement non encore couvertes.

Deuxièmement, l'adéquation de l'enseignement à la vie en société fait l'objet de discussions dans de nombreux pays, notamment aux États-Unis et au Canada. Les *National Education Goals* (objectifs éducatifs nationaux) des États-Unis mettent de plus en plus l'accent sur des compétences qui ne sont liées à aucune matière spécifique. On observe des faits similaires ailleurs, par exemple en Autriche et en Norvège.

Troisièmement, lorsqu'on possède des indicateurs de CCC, on peut déterminer si l'ensemble des compétences inculquées est équilibré. Une note élevée en sciences, par exemple, est-elle assortie de notes élevées dans les indicateurs de CCC ? Ou bien – vu le peu de temps dont on dispose à l'école – fait-on des compromis en faveur soit des CCC, soit de la réussite dans certaines matières ? Si on avait des indicateurs dans les deux domaines, on pourrait examiner les programmes de manière rationnelle en vue de les harmoniser. En outre, le fait qu'on dispose uniquement de mesures liées aux matières limite généralement le débat relatif à l'impact de l'enseignement sur le marché du travail et sur les gains, ce qui conduit les politiciens et les économistes à se concentrer sur les indicateurs liés aux matières. Cette situation pourrait changer si de bons indicateurs de CCC étaient mis en place.

Enfin, il existe aussi ce qu'on peut appeler un argument de risque. Si les CCC représentent une part importante des objectifs éducatifs et si les CCC sont utiles pour l'essor de la société et l'épanouissement des individus, il est prudent de posséder de l'information sur la question. Autrement dit, si on considère qu'en effet les CCC sont importantes, on court le risque que leur manque n'apparaisse qu'aux étapes ultérieures de la carrière professionnelle d'un individu. Il serait donc bon d'avoir une idée de leur acquisition au cours de la scolarité. Cela suppose un suivi régulier à l'âge scolaire.

HISTORIQUE ET GENÈSE DU PROJET SUR LES COMPÉTENCES TRANSDISCIPLINAIRES

LANCEMENT DE L'ÉTUDE DE FAISABILITÉ SUR LES CCC[1]

Si l'étude de faisabilité relative aux CCC a été lancée, c'est en raison de l'insuffisance des indicateurs existants qui : *a)* se limitent trop exclusivement aux matières traditionnelles ; *b)* du fait que les mesures sont effectuées sur des élèves âgés de 14 ans, ne portent pas sur les produits «finis» de la scolarité ; et *c)* ne couvrent pas suffisamment les compétences utiles plus tard dans la vie (Trier, 1991). La question qui a guidé les efforts était la suivante : «De quelles compétences les jeunes adultes arrivés en fin de scolarité ont-ils besoin pour être capables de jouer un rôle constructif dans la société en tant que citoyen ?». Les compétences en question, appelées compétences transdisciplinaires (CCC), forment le contenu d'une trousse de survie imaginaire. Lors de plusieurs discussions tenues au sein du réseau INES, l'idée de donner suite à ces concepts et d'élaborer des indicateurs ayant trait aux CCC a remporté une large adhésion. Une proposition visant la conduite d'une étude de faisabilité a été acceptée, avec l'intention d'essayer de mener par la suite des études représentatives nationales de plus grande envergure (Peschar, 1993*b*).

La première étape du processus a consisté à sélectionner un nombre limité de domaines sur lesquels commenceraient à porter les travaux. La description des CCC est en effet très large, et elles sont nombreuses à être jugées utiles à la vie en société.

DOMAINES DE CCC POSSIBLES

Comme il n'existait pas encore de procédures en la matière, il a été convenu d'adopter une méthode assez simple pour recenser les compétences transdisciplinaires en vue de l'élaboration d'indicateurs. Traiter d'emblée une gamme trop large de CCC aurait pu aisément placer les ambitions beaucoup trop haut et compromettre ainsi toute l'entreprise. Un comité restreint a fait un choix préliminaire de domaines, prenant divers critères en considération : leur acceptabilité par les participants, l'expertise existant dans le secteur, et la disponibilité éventuelle des instruments nécessaires.

Assez rapidement, deux des cinq domaines considérés comme premiers objectifs ont été regroupés parce qu'ils étaient extrêmement proches. Il en restait donc quatre :

Domaine 1 : Politique, économie, instruction civique.

Domaine 2 : Résolution de problèmes.

Domaine 3 : Perception de soi/image de soi.

Domaine 4 : Communication.

Une fois les domaines relevés, on a commandé des études d'experts d'après lesquelles on a jugé s'il était envisageable de mettre au point des indicateurs (Fend, 1995 ; Halman, 1995 ; Hodgkinson et Crawford, 1995).

Il existe une similitude frappante entre les quatre domaines précités, auxquels on est arrivé de façon indépendante, et ceux définis lors d'une tentative d'identification antérieure. Au début des années 70, on avait en effet déjà essayé d'élaborer des indicateurs internationaux. L'approche adoptée à l'époque par Carr-Hill et Magnussen (OCDE, 1973) avait consisté à remonter à l'objectif original de l'enseignement de masse, qui était « d'assurer à tous les membres d'une société la participation en tant que citoyen » (*op. cit.*, p. 41). De leur point de vue, cela signifiait que :

> « Les individus devraient être capables d'agir plus ou moins indépendamment au sein des principales institutions de la société. Aussi sont-ils censés accomplir toute une gamme d'activités courantes, participer à la vie politique, économique et sociale et enfin, être en mesure d'aborder les problèmes de demain » (*op. cit.*, pp. 41-42).

A partir de ces exigences générales, les auteurs avaient été conduits à proposer six types d'indicateurs de l'enseignement :

- L'*alphabétisme fonctionnel*, décrit comme « la compréhension initiale [qu'a l'individu] de ce qui peut ou doit se faire dans une situation donnée » (*op. cit.*, p. 42), avec une référence particulière aux aptitudes utilisées dans la vie quotidienne.
- La *participation à la vie politique*, qui distingue la connaissance (comment fonctionne le système socio-économique et politique ?) de l'action (aptitudes et intérêt pour les affaires publiques et volonté de participation).
- L'*étendue du pouvoir réel et apparent des élèves*, indiquant qu'« il est essentiel que l'individu ait l'impression d'avoir un certain pouvoir sur son milieu immédiat » (*op. cit.*, p. 45).
- L'*efficience des consommateurs*, définie comme « l'aptitude des individus à choisir dans toute une vaste gamme de biens ceux qu'ils vont acheter » (*op. cit.*, p. 46) dans le contexte plus large de la gestion d'un budget.

– Les *rapports sociaux*, en particulier la capacité de communiquer avec des personnes de tous âges, des deux sexes et de toutes classes sociales.
– Les *citoyens de demain*, domaine qui traite des «conditions minimales que doivent remplir les individus pour survivre dans un monde en rapide évolution» (*op. cit.*, p. 49) en insistant sur l'éducation sexuelle, dans l'optique de la régulation des naissances, et sur l'écologie des sociétés humaines, dans l'intérêt de la défense de l'environnement.

Le fait que vingt ans plus tard, des idées similaires conduisent à des conclusions similaires augure bien de l'avenir pour l'étude sur les CCC. Mais le fait aussi qu'il n'ait pas été donné suite à ces idées dans le passé doit inciter à la prudence. Papadopoulos (1994) avance deux raisons pour expliquer cette inertie. Premièrement, l'accord auquel étaient parvenus les pays concernant les objectifs de politique se situait à un niveau général et partant, était sélectif. Ces objectifs étant considérés comme dépendants les uns des autres, tout indicateur isolé serait en soi dépourvu de signification. Deuxièmement, les statistiques sur l'enseignement dont on disposait n'étaient pas appropriées, et aucun pays n'était décidé à l'époque à assumer le travail de recherche complémentaire qui s'imposait.

La deuxième raison n'a plus cours, compte tenu de l'étude de faisabilité actuelle sur les CCC; et l'intention, exprimée clairement dès le démarrage du projet CCC, de s'intéresser à la corrélation entre les indicateurs peut prévenir la première objection, à savoir que les objectifs sont interreliés. Il est nécessaire d'examiner conjointement les résultats, dans la mesure où les domaines retenus ne constituent manifestement pas des dimensions indépendantes. De plus, c'est le profil composé de différentes compétences qui est pertinent, et non les mesures effectuées dans l'un ou l'autre domaine en tant que telles.

DOMAINES DE CCC ET OBJECTIFS ÉDUCATIFS

La mesure dans laquelle la scolarité peut contribuer à l'acquisition des CCC est de toute évidence une question de premier plan. Il faudra effectuer une enquête empirique pour déterminer à quel niveau et par quels moyens la scolarité concourt à inculquer ces compétences aux individus. Mais ce n'est qu'après avoir montré qu'il est possible d'élaborer des indicateurs de CCC qu'il y aura lieu de s'interroger sur le mode d'acquisition de ces compétences.

Ce qui importe à ce stade, c'est l'intérêt que peuvent présenter les compétences transdisciplinaires pour les systèmes éducatifs. Afin de s'assurer qu'il est bien réel, on a passé en revue les objectifs éducatifs de seize pays dans les domaines identifiés dans le projet. Les connaissances, aptitudes et attitudes composant les CCC sont, dans tous les cas, considérées comme des objectifs centraux du système d'enseignement, qu'ils soient définis au niveau national ou local (Peschar, 1993*a* ; Trier et Peschar, 1995). On trouvera dans l'appendice 3, p. 89, des exemples de ces objectifs selon les pays.

Tout bien considéré, il est justifié de tenter de mettre aux points des indicateurs pour mesurer les compétences des élèves dans les domaines choisis. On a projeté de mener l'étude de faisabilité dans six pays sur la base d'instruments existants – simplement pour montrer les possibilités de l'approche.

L'ÉTUDE PILOTE : CONCEPTION ET TRAVAIL SUR LE TERRAIN

CONCEPTION DE L'ÉTUDE PILOTE SUR LES CCC

L'étude pilote visait avant tout à déterminer si la méthode adoptée serait réalisable en pratique. En exécutant l'ensemble du processus destiné à concevoir de nouveaux indicateurs de CCC, il devait être possible de déceler les secteurs présentant des problèmes et peut-être d'apporter des solutions.

Une fois les quatre domaines choisis, la question s'est posée de savoir comment il convenait de mesurer les compétences qu'ils englobaient. Si les responsables de l'étude ont précisément formulé leur intention d'utiliser les instruments existants, c'est pour deux raisons. Premièrement, le potentiel de l'approche serait ainsi démontré ; et deuxièmement, toute l'opération, fastidieuse et coûteuse, nécessaire à la mise au point d'instruments entièrement nouveaux pourrait être évitée.

Sous la direction de Jules Peschar (Pays-Bas), six pays et communautés ont participé à toutes les phases de l'étude pilote : l'Autriche, la Belgique (communautés francophone et flamande), les États-Unis, l'Italie et la Suisse. Par la suite, le travail sur le terrain a de surcroît été mené en Hongrie, en Norvège et aux Pays-Bas. Le Canada a pris part aux premières étapes du projet mais n'a malheureusement pas été en mesure d'effectuer le travail sur le terrain. L'Australie, l'Espagne, la Finlande et l'Irlande ont manifesté de l'intérêt pour le projet mais n'ont pas pu y participer. Les données ont donc été recueillies dans neuf pays ou communautés.

Au total, cinquante instruments tirés de travaux de recherche internationaux ont été retenus (voir, comme exemple de sources, Robinson *et al.*, 1991). Ils ont été évalués en fonction d'un certain nombre de critères, comme les propriétés psychométriques et la validité[2]. Pendant le dépouillement des instruments, le problème de la validité du contenu est devenu particulièrement évident. A la lumière de l'objectif initial du projet – c'est-à-dire examiner les connaissances, compétences et attitudes utiles dans la vie quotidienne –, beaucoup d'instruments ont été jugés inadéquats. D'autres ont été exclus sans qu'on l'ait voulu, en raison de décisions relatives au travail sur le terrain.

A cet égard, étant donné qu'il fallait orienter le projet en fonction de ce dont ont besoin les élèves lorsqu'ils ont terminé leur scolarité, l'objectif était en principe de sélectionner des élèves ayant déjà quitté l'école. Mais comment serait-il possible de les découvrir et comment établir un échantillonnage ? Compte tenu de la nécessité de recueillir régulièrement des données à grande échelle dans l'avenir, la méthode de l'échantillonnage aléatoire et de l'entrevue personnelle a été jugée trop coûteuse et intensive. Aussi a-t-on décidé, pour des raisons pragmatiques, de tirer les échantillons dans les écoles. Il a ensuite fallu choisir le groupe d'âge. Le dilemme est clair : plus les élèves sont âgés, plus on se rapproche de l'objectif original, mais plus l'échantillon est sélectif. Le critère de l'âge a donc été établi à 16 ans puisque dans pratiquement tous les pays, plus de 90 pour cent des jeunes fréquentent encore un établissement scolaire à cet âge. La décision de se concentrer sur les élèves de 16 ans découle uniquement de considérations d'ordre technique et non du principe de limiter le thème central de l'étude au contenu de l'enseignement !

Toutefois, la décision de privilégier les élèves âgés de 16 ans – prise encore une fois pour des raisons pratiques seulement – masque quelque peu l'objectif initial du projet. Dans certains pays, seul ce qui est précisément inscrit aux programmes d'études peut légalement faire l'objet de tests dans les écoles. Certains instruments ont de ce fait dû être écartés.

L'objectif d'utiliser des instruments existants dans l'étude pilote s'est donc révélé beaucoup plus difficile à atteindre que prévu. On a donc abandonné l'idée de trouver des outils valides et fiables susceptibles d'être utilisés à l'échelon international pour s'attacher à en mettre au point. Pour couvrir les domaines de la politique, de l'économie et de l'instruction civique **(Domaine 1)** et celui de la perception de soi/image de soi **(Domaine 3)**, on a plus ou moins adapté les instruments disponibles et ajouté quelques items entièrement nouveaux[3].

Des difficultés particulièrement nombreuses ont été rencontrées dans les domaines de la résolution de problèmes **(Domaine 2)** et de la communication **(Domaine 4)**, pour lesquels aucun des instruments examinés n'a été jugé tout à fait satisfaisant. On a finalement choisi pour ces deux domaines une tâche intégrée nouvellement conçue, après y avoir apporté toute une série d'ajustements.

A l'issue de nombreux débats concernant, entre autres, la pertinence des instruments, la possibilité d'obtenir de bonnes traductions et le degré de difficulté des items, on s'est entendu sur un ensemble définitif d'instruments couvrant les quatre domaines. L'ensemble a été divisé en deux parties, se présentant sous forme de carnets (voir les instruments eux-mêmes en annexe à la fin de ce chapitre) :

– Le premier contenait 56 items relevant du domaine de la politique, de l'économie et de l'instruction civique, suivis de 42 items touchant le domaine de la perception de soi/image de soi. Tous ces items, à choix multiples, proposaient des catégories de réponses précodées et englobaient des questions de connaissances aussi bien que des items sur les attitudes et les comportements. Dans pratiquement tous les pays, un exercice appelé « La course » complétait le carnet : un graphique montrait le déroulement d'une course de 400 mètres à laquelle participent trois athlètes. Les élèves devaient jouer le rôle de commentateur sportif et rédiger le compte rendu de la course. Le texte écrit était évalué en fonction des compétences en résolution de problèmes.

– Le second était constitué d'une tâche intégrée appelée « Projet d'excursion », conçue à la fois pour les domaines de la résolution de problèmes et de la communication. Les élèves étaient invités à jouer le rôle d'un membre du Comité organisateur d'un Club de jeunes. Le moment étant venu de préparer l'excursion annuelle du club, ils étaient chargés d'envisager plusieurs possibilités de sortie, d'après la documentation fournie. L'exercice commençait par la lecture d'une page d'introduction, suivie de cinq questions à choix multiples portant sur ce texte. Venait ensuite une question « ouverte », c'est-à-dire à laquelle les élèves répondaient librement, où on leur demandait d'énumérer les aspects dont ils tiendraient compte en examinant la documentation qui leur avait été remise. Celle-ci comprenait un prospectus sur un championnat de football, une publicité pour un comptoir de vente de hamburgers et de snacks installé dans le stade, une lettre d'une réserve zoologique et refuge d'oiseaux décrivant les attractions offertes, une publicité pour un concert de harpe, une autre sur un parc d'attractions, un horaire d'autobus et un plan indiquant tous les emplacements. Des renseignements étaient aussi fournis sur le budget disponible et le coût des différentes options, sur le temps consacré à l'excursion et sur les modes de transport. Il fallait enfin tenir compte du fait que les membres du club avaient des capacités physiques et des intérêts variés.

  Suivait une deuxième question ouverte, où les élèves étaient priés de rédiger à l'intention du comité un rapport décrivant les différentes excursions et les planifiant. Ils pouvaient s'aider à cette fin de toutes les informations fournies. Cinq questions à choix multiples traitant d'aspects motivationnels terminaient l'exercice.

  Les deux questions ouvertes, soit la liste des facteurs à prendre en compte et le rapport sur les choix possibles, constituaient les éléments essentiels de la tâche. Les réponses à ces questions étaient évaluées sous l'angle des compétences en communication aussi bien qu'en résolution de problèmes.

On a estimé qu'une heure de classe environ serait nécessaire pour remplir chacun des carnets. Quelques brèves questions ont encore été ajoutées pour connaître le sexe des élèves, leur date de naissance, le niveau d'instruction de leurs parents, leur origine ethnique et, le cas échéant, leur filière scolaire.

Les pays et communautés participant au travail sur le terrain ont aussi été invités à ajouter aux deux parties principales un ou plusieurs des instruments facultatifs suivants :

- des indicateurs de risque, pour compléter le domaine 3 ;
- un ensemble de tâches, soit relatives à la résolution de problèmes uniquement, soit intégrant la résolution de problèmes et la communication, pour compléter les domaines 2 et 4 ;
- des indicateurs de processus scolaires, facilitant en particulier l'interprétation des résultats du domaine 3 ;
- un indice de désirabilité sociale, facilitant l'interprétation des résultats globaux compte tenu des biais dans les réponses.

TRAVAIL SUR LE TERRAIN

Échantillonnage

Un autre objectif important de l'étude de faisabilité était de déterminer dans quelle mesure les instruments étaient adaptés aux divers contextes nationaux et demeuraient stables d'un pays à l'autre. Le cadre d'échantillonnage a été conçu en fonction de cet objectif. Il a été explicitement précisé que les échantillons ne devraient pas être représentatifs à l'échelon national. L'un des pays a néanmoins tenté de construire un échantillon représentatif, tandis que deux autres établissaient des échantillons représentatifs d'une région géographique restreinte. Dans tous les autres cas, les échantillons ont été tirés au jugé.

Pour assurer la variabilité nécessaire entre les élèves, les échantillons au jugé ont été stratifiés selon des dimensions laissées en grande mesure à l'appréciation des pays participants, afin de leur permettre de tenir compte de conditions particulières. Trois critères généraux de stratification ont cependant été arrêtés d'un commun accord : l'urbanisation, le statut socio-économique des élèves et, le cas échéant, la filière éducative. Dans certains cas, des critères de stratification supplémentaires ont été utilisés comme la région géographique, le degré de prospérité de la région et les caractéristiques administratives.

On a proposé d'établir la taille nette des échantillons à 700 élèves pour chaque instrument, ce nombre de répondants devant permettre d'évaluer la fidélité des instruments et de comparer les structures de données, tant pour les échantillons dans leur ensemble que pour certains sous-groupes d'élèves. La taille minimale nette a été fixée à 300 élèves pour chacun des instruments, l'évaluation de la fidélité des instruments et la comparaison des structures de données devant alors être possibles pour les échantillons dans leur ensemble, mais pas pour les sous-groupes.

En principe, tous les élèves échantillonnés devaient faire chaque exercice afin qu'on dispose de structures de données pour tous les instruments. Mais on s'est rendu compte que cette condition ne pourrait pas toujours être remplie car elle exigeait que deux heures de classe au moins soient consacrées aux tests.

Le tableau 1 présente un aperçu du travail conduit sur le terrain dans les pays et communautés respectifs; il donne notamment la taille nette des échantillons pour chacune des deux parties du test contenant les instruments principaux et précise si on a, oui ou non, utilisé des échantillons distincts pour chacune des parties. Seuls ont été comptabilisés dans le tableau les élèves pour lesquels on a recueilli des données pour la moitié au moins des items.

Tableau 1. **Travaux réalisés**

	Instruction civique et image de soi	Résolution de problèmes et communication	La course	Établissement d'échantillons distincts pour chaque partie
Autriche	580	508	564	Non
Belgique (communauté française)	703	269	606	Non
Belgique (communauté flamande)	1 078	1 036	1 036	Non
Hongrie	550	479	556	Non
Italie	1 555	1 391	1 079	Oui
Pays-Bas	615	83	502	Non
Norvège	286	163	–	Non
Suisse	903	–	–	–
États-Unis	638	477	460	Oui
TOTAL	**6 909**	**4 405**	**4 803**	

Source : Auteur pour l'OCDE.

Âge et année d'études

La population cible de l'étude pilote sur les CCC se composait d'élèves âgés de 16 ans pour les raisons exposées précédemment. Les directives permettant de déterminer l'année d'études étaient formulées comme suit : « Déterminer la classe dans laquelle on trouve la plupart des élèves âgés de 16 ans au 15 février 1995. Interroger tous les élèves de cette classe, dans toutes les écoles choisies ».

L'âge moyen s'échelonne, dans les échantillons respectifs, entre un peu plus de 15 ans (15.3) et un peu plus de 17 ans (17.2). Cette distribution témoigne à la fois du fait que les niveaux scolaires sont (très) hétérogènes en ce qui concerne la composition par âge et ne sont pas toujours faciles à définir. Les classes elles-mêmes vont de la 9e à la 11e années, ce qui s'explique en partie par le fait que les enfants ne commencent pas tous l'école au même âge dans les divers pays.

Dans quelques pays, la classe choisie était celle dans laquelle les élèves – soit tous, soit ceux de certaines sections – passaient leurs examens finals. Comme le travail sur le terrain a eu lieu pendant la deuxième moitié de l'année, les écoles de ces pays ont éprouvé des difficultés à participer à l'étude.

Traductions

Les instruments types choisis par le groupe d'étude des CCC ont été traduits dans les langues officielles des pays participants, à partir de l'anglais. Bien qu'il ait été conseillé de les faire retraduire et vérifier, cela n'a pas toujours été possible en raison de contraintes de temps et de budget. Dans la plupart des cas, ce sont les chercheurs et leurs assistants qui ont traduit les instruments, mais il est arrivé que des contrats soient passés avec des traducteurs professionnels pour effectuer le travail.

Les difficultés rencontrées pendant les traductions sont surtout attribuables au fait que les mots – et les situations qu'ils évoquent – ne sont pas entièrement applicables dans tous les pays. Voici trois exemples : traduite dans certaines langues, l'expression anglaise « *human capital* » (capital humain), n'est pas toujours d'utilisation courante ; la traduction de l'expression « *hiking trail* » (sentier pédestre), utilisée dans « Projet d'excursion », ne rend pas nécessairement justice à la tâche dans les pays plats ; dans le même exercice, l'horaire d'autobus fourni n'a pas grand chose en commun avec la réalité en Hongrie, en particulier dans les régions rurales du pays.

Temps nécessaire et administration des tests

On avait estimé qu'il faudrait compter 45 minutes environ pour remplir chacun des deux carnets contenant les instruments principaux de l'étude pilote. Comme les heures de classe sont de durée variable selon les pays, et parfois dans un même pays, le temps dont ont disposé les élèves a oscillé entre 45 et 60 minutes pour chaque carnet. Il faut noter que les tâches supplémentaires comprises dans l'étude devaient également être effectuées pendant ces laps de temps.

L'expérience a montré que la partie comprenant les questions à choix multiples des domaines 1 et 3 peut en réalité être complétée en 30 à 40 minutes. Le temps requis pour mener à bien la tâche intégrée des domaines 2 et 4 est beaucoup plus difficile à évaluer (voir aussi le chapitre 4).

Comme on l'a dit, chaque pays a pu planifier le travail sur le terrain comme il l'entendait. Dans un cas, différents élèves de la même classe ont répondu simultanément aux deux parties, ce qui a causé des problèmes parce que le temps nécessaire pour faire les deux exercices n'est pas le même. Dans d'autres cas, les élèves ont rempli les deux parties durant deux heures de classe consécutives, soit dans le même ordre, soit en ordre inverse, ce qui s'est parfois révélé très astreignant pour les écoles et pour les répondants. Par conséquent, dans d'autres cas encore, les écoles ont pu réserver les heures de classe nécessaires à plusieurs jours d'intervalle, pour un même groupe d'élèves.

Les tests ont été administrés par des chercheurs (administrateurs de tests, assistants à la recherche), des psychologues scolaires ou des enseignants. Des directives leur ont été remises soit par écrit, soit au cours de séances de formation.

Instructions et codage

Un carnet contenait les instruments du **domaine 1** (politique, économie et instruction civique) et du **domaine 3** (perception de soi/image de soi). Tous les items qu'il comprenait proposaient des catégories de réponse à choix multiples précodées. Les instructions données dans les diverses sections n'étaient pas toujours très claires, ce qui a parfois créé une certaine confusion quant à la manière dont les réponses étaient indiquées (encerclées ou barrées). Les catégories de réponse elles-mêmes n'étaient pas non plus entièrement dépourvues d'ambiguïté. Mais si les difficultés rencontrées ont été importantes, il n'a pas fallu pour autant renoncer à analyser des items entiers ou des parties d'item.

L'autre carnet contenant la tâche intégrée du **domaine 2** (résolution de problèmes) et du **domaine 4** (communication) ne comprenait que quelques questions à choix multiples. L'essentiel de l'exercice consistait à rédiger des textes écrits, qui devaient être notés à la main pour différents aspects. Des grilles ont été appliquées pour le codage global des textes. Le mode de codage lui-même variait selon les pays participants. Dans un cas, les personnes qui ont administré les tests ont aussi effectué la notation d'après les directives écrites qui leur avaient été fournies ; ces correcteurs ont travaillé seuls, sans avoir suivi de formation ni participé à des discussions en équipe. Dans un autre cas, un contrat a été passé avec un spécialiste de la notation et de l'évaluation, qui a formé six correcteurs pour effectuer le travail et a organisé des séances de formation approfondie en équipe.

En tout état de cause, le matériel de codage fourni pour la tâche sur la résolution de problèmes et la communication a, sans exception, été jugé trop imprécis, pas clair et sujet à diverses interprétations. Beaucoup d'équipes de codage ont cependant pu résoudre les problèmes pendant les séances de formation et sont arrivées par consensus à définir des critères plus spécifiques, adaptés au cadre général de l'étude. Dans deux cas, l'interfiabilité des correcteurs a été vérifiée à l'issue du processus : on a obtenu des corrélations allant de 0.56 à 0.94 pour différents aspects du codage, et des corrélations globales de 0.94 pour trois correcteurs et de 0.98 pour deux correcteurs. Dans trois autres cas, on semble, selon les estimations, avoir atteint un niveau élevé de consensus parmi les correcteurs à l'issue des séances de formation.

Le matériel de codage global de la tâche afférente à la résolution de problèmes et à la communication a donc suscité de sérieux problèmes pendant l'étude pilote sur les CCC. Mais les participants ont trouvé et adopté des solutions qui ont permis d'améliorer les procédures, de sorte que des niveaux très acceptables de fiabilité entre les correcteurs ont pu être atteints.

Ressources

Les composantes de l'étude pilote – taille des échantillons, déroulement du travail sur le terrain, organisation des modes de codage, notamment – ont beaucoup varié selon les pays, de même que le montant des fonds et le temps consacrés aux travaux. Il est donc impossible de donner une estimation précise des ressources nécessaires.

CONCLUSION

Neuf pays et communautés ont participé à la préparation des instruments et au travail sur le terrain dans cette étude de faisabilité. On a passé beaucoup de temps à tenter d'atteindre un degré minimal d'uniformité en ce qui concerne l'échantillonnage, le choix de l'âge des répondants et de l'année d'études, le choix des instruments, la traduction et le codage. L'expérience montre qu'une plus grande uniformité peut être obtenue et sera nécessaire dans les futures études comparatives. Il ne faut toutefois pas perdre de vue que cette étude pilote visait à montrer qu'il est possible d'élaborer et de proposer des instruments dans le domaine des compétences transdisciplinaires. On pourrait s'attacher dans une prochaine étape à rehausser les normes de comparabilité, lorsque les instruments seront appliqués dans une optique comparative. Pour le moment, il suffit que les normes établies pour le travail sur le terrain aient en fait été respectées. Dans les chapitres suivants, nous rendons compte des conclusions de l'étude en ce qui concerne les instruments.

Annexe

INSTRUMENTS DE L'ÉTUDE PILOTE 1994/95

CONSIGNES GÉNÉRALES

Cher élève,

Tu es invité à prendre part à une étude internationale.

Pourquoi cette étude ?

Aussi étrange que cela puisse paraître, on sait peu de choses sur la manière dont les jeunes comme toi s'intéressent aux problèmes d'aujourd'hui et font face aux défis de tous les jours. Par conséquent, l'Organisation de Coopération et de Développement économiques (OCDE) réalise pour la première fois une étude dans six pays : en Autriche, en Belgique (communautés française et flamande), au Canada (Colombie britannique), aux États-Unis, en Italie et en Suisse. Plus tard, une étude comme celle-ci devrait être réalisée régulièrement dans un plus grand nombre de pays.

De quoi est-il question ?

Nous voulons savoir comment tu te sens dans la vie, ce que tu penses de ton avenir, et de la politique. Tes réponses ne seront pas classées ou cotées, nous voulons juste savoir ce que tu penses et ce que tu ressens.

Pourquoi toi ?

Les jeunes ont des idées et des sentiments très différents. Par conséquent, nous voulons poser ces questions à de nombreuses personnes. Il est donc très important pour nous que tu remplisses ce questionnaire, sinon tes pensées personnelles et particulières seront perdues. Toutes les réponses que tu donnes sont strictement confidentielles ; ton professeur ne les verra pas, et personne ne pourra t'identifier d'après tes réponses.

Un grand merci pour ta coopération.

INSTRUMENT DU DOMAINE 1 : POLITIQUE, ÉCONOMIE ET INSTRUCTION CIVIQUE

Chacune des questions de ce test est suivie de cinq possibilités de réponses. Tu dois décider laquelle de ces réponses est la meilleure. Il y a une seule réponse correcte pour chaque question. Tu ne reçois pas de note ; donc, si tu ne connais pas la réponse, ne la devine pas et, dans l'incertitude, laisse un blanc.

Regarde cet exemple :

Lequel des noms suivants est le nom d'un pays ?

A. Tokyo

B. Australie

C. Copenhague

D. Montréal

E. Le Caire

Seule l'Australie est un pays, tandis que les autres ne sont que des noms de villes. Tu devrais donc choisir la lettre B.

Maintenant commence le test :

1. *Parmi ces personnes, quelles sont celles qui sont le plus souvent élues au suffrage universel dans les pays démocratiques ?*
   a) les diplomates
   b) les fonctionnaires
   c) les juges des cours suprêmes
   d) les membres du Congrès (du Parlement)
   e) les professeurs des écoles d'État

2. *Dans la plupart des pays, la loi impose à tous les hommes et femmes de :*
   a) payer des impôts
   b) parler la même langue
   c) se marier et avoir une famille
   d) payer une inscription à un parti politique
   e) servir dans les forces armées

3. *Dans un système politique démocratique, qui doit gouverner le pays ?*
   a) un chef puissant
   b) un petit groupe de gens qui ont une bonne formation
   c) des représentants élus
   d) des grands propriétaires de terrains ou d'entreprises
   e) des experts de l'art de gouverner et des sciences politiques

4. *Idéalement, dans un système démocratique, qui est supposé exercer l'influence la plus importante dans le processus de prise de décisions ?*
   a) les leaders économiques
   b) la population et ses regroupements

   c) l'administration
   d) le pouvoir judiciaire
   e) les forces armées

5. *Dans un pays démocratique, les élections sont organisées principalement pour :*
   a) informer le peuple des différences entre les partis politiques
   b) faire en sorte que les gens votent
   c) faire en sorte que les lois en vigueur soient comprises par la population
   d) permettre à la population d'examiner et d'exprimer ses préférences politiques
   e) faire baisser les impôts

6. *Quelle est la tâche principale du Parlement (du Congrès) ?*
   a) punir les criminels
   b) superviser les tribunaux
   c) superviser les journaux et la télévision
   d) décider des lois
   e) donner des ordres aux fonctionnaires

7. *Si le revenu annuel de ta famille augmente de 5 % tandis que le prix des biens que vous achetez augmente de 10 %, alors :*
   a) votre pouvoir d'achat augmente
   b) votre pouvoir d'achat diminue
   c) le prix des biens a doublé
   d) votre revenu a doublé
   e) votre niveau de vie diminue de moitié

8. *S'il y avait au Japon une taxe élevée sur les importations de montres mexicaines, qui en bénéficierait le plus directement ?*
   a) les fabricants de montres mexicains
   b) les citoyens japonais qui achètent des montres mexicaines
   c) l'office de douane japonaise
   d) les fabricants de montres japonais
   e) le gouvernement mexicain

9. *Qui souffre le plus des effets de l'inflation dans une économie hautement industrialisée ?*
   a) une personne dont le salaire de base est lié à l'index du coût de la vie
   b) une personne qui vit sur un revenu fixe
   c) un ouvrier d'usine qui appartient à un syndicat puissant
   d) une secrétaire employée dans un grand bureau d'affaires
   e) un membre d'une profession libérale comme un avocat ou un médecin

10. *Le capital humain d'un pays inclut :*
   a) le revenu et les économies de ceux qui vivent dans le pays

b) les biens qui sont disponibles pour les consommateurs qui achètent dans ce pays
c) l'éducation et les compétences de ceux qui vivent dans ce pays
d) le crédit qui est disponible pour ceux qui vivent dans ce pays
e) l'argent disponible pour investir dans de nouvelles entreprises de ce pays

11. *Le terme « garantie » se rapporte à un texte qui :*
    a) montre que le consommateur a payé comptant un article acheté
    b) promet des réparations ou un remplacement si le produit ne fonctionne pas comme prévu
    c) fait l'inventaire des pièces de remplacement et de leur prix au cas où l'article ne fonctionnerait pas comme prévu
    d) énumère tous les magasins de réparation situés dans les environs du domicile de l'acheteur
    e) promet d'échanger l'article si l'acheteur change d'avis

12. *Parmi les arguments publicitaires suivants, lequel est le plus difficile à vérifier ?*
    a) ce savon enlève les taches plus efficacement que les autres marques de savon
    b) ce savon est suffisamment doux pour laver les vêtements de bébé
    c) ce savon contient des agents de blanchiment
    d) ce savon est plus efficace à température élevée
    e) ce savon ne contient aucun agent actuellement connu qui soit nocif pour l'environnement

Ces questions ont été posées à un certain nombre de jeunes de ton âge dans plusieurs pays pour savoir quelles sont leurs opinions. Pour ces questions, il n'y a pas de réponse juste ou fausse, il ne s'agit donc pas d'un test. Nous voulons simplement connaître ton avis personnel. Tes réponses sont confidentielles, alors réponds de manière tout à fait sincère.

Catégories de réponse

1	*2*	*3*	*4*	*5*
Pas du tout d'accord	*Pas d'accord*	*Je ne sais pas*	*D'accord*	*Tout à fait d'accord*

13. Les femmes doivent pouvoir se porter candidates pour les fonctions publiques et faire partie du gouvernement comme les hommes le font

14. Les citoyens doivent toujours être libres de critiquer le gouvernement

15. Les femmes doivent avoir les mêmes droits que les hommes dans tous les domaines
16. Les personnes qui ne sont pas d'accord avec le gouvernement doivent pouvoir se réunir et manifester dans les rues
17. Les femmes doivent rester en dehors de la politique
18. Les citoyens doivent se sentir libres de dire quand ils s'opposent à une décision du gouvernement
19. Les hommes et les femmes doivent être traités de la même manière dans toutes leurs activités
20. La population ne doit pas critiquer le gouvernement
21. Quand les emplois sont rares, les hommes ont davantage le droit d'être embauchés que les femmes
22. Les citoyens doivent avoir la possibilité de dire ce qu'ils pensent des décisions du gouvernement
23. Les fonctions de dirigeants politiques doivent principalement être confiées aux hommes
24. C'est mal de critiquer notre gouvernement
25. Les personnes de mon âge et de ma génération ont de meilleures chances pour l'avenir que les générations précédentes
26. Je suis capable d'influencer des décisions de groupe
27. Les gens de mon âge et de ma génération n'ont aucun pouvoir dans la société
28. Lorsqu'on élit nos délégués de classe, j'arrive à convaincre certains camarades de voter pour le candidat que je soutiens
29. Les personnes de mon âge et de ma génération se sentent souvent oubliées par la société
30. Habituellement, je peux amener les autres à partager mes opinions
31. Pour les personnes de mon âge et de ma génération, il y aura beaucoup de chances à saisir au cours des prochaines années
32. Je suis le genre de personne qui peut influencer le vote des autres lors des élections des délégués de classe
33. La plupart des autres générations ont eu des possibilités meilleures que celles qu'aura ma génération

Quels droits et possibilités devraient avoir, à l'école, les élèves suivants ?

Catégories de réponse

1	*2*	*3*
Moins de droits et de possibilités que les autres élèves	*Exactement les mêmes droits et possibilités que les autres élèves*	*Plus de droits et de possibilités que les autres élèves*

34. les élèves qui ont des difficultés d'apprentissage
35. les élèves immigrés d'un autre pays
36. les élèves qui doivent utiliser une chaise roulante
37. les élèves qui sont ———— (citer une minorité ethnique)
38. les élèves qui perturbent souvent les cours
39. les élèves qui sont sans abri
40. les élèves qui ne parlent pas bien le/l'————
41. les élèves qui se battent souvent avec les autres élèves

T'arrive-t-il parfois d'avoir des discussions sur les sujets suivants avec : 1) des personnes de ton âge en dehors de l'école ? 2) tes parents ou d'autres adultes à la maison ? 3) des professeurs de l'école ?

Catégories de réponse

1	*2*	*3*	*4*
Presque jamais	*Moins d'une fois par semaine*	*A peu près une fois par semaine*	*Plusieurs fois par semaine*

Des discussions sur ce qui se passe dans le gouvernement de ton pays

42. avec des personnes de ton âge en dehors de l'école
43. avec tes parents ou d'autres adultes à la maison
44. avec des professeurs de l'école

Des discussions sur ce qui se passe dans les autres pays

45. avec des personnes de ton âge en dehors de l'école
46. avec tes parents ou d'autres adultes à la maison
47. avec des professeurs de l'école

Des discussions sur les problèmes de l'environnement

48. avec des personnes de ton âge en dehors de l'école
49. avec tes parents ou d'autres adultes à la maison
50. avec des professeurs de l'école

Des discussions sur les personnes sans travail

51. avec des personnes de ton âge en dehors de l'école
52. avec tes parents ou d'autres adultes à la maison
53. avec des professeurs de l'école

Réponds aux questions suivantes en utilisant l'échelle ci-dessous :

Catégories de réponse

1	*2*	*3*	*4*
Presque jamais	*Moins d'une fois par semaine*	*A peu près une fois par semaine*	*Plusieurs fois par semaine*

54. Combien de fois lis-tu dans le journal des articles sur ce qui se passe dans le gouvernement de ton pays ?
55. Combien de fois lis-tu dans le journal des articles sur ce qui se passe dans les autres pays ?
56. Combien de fois écoutes-tu les nouvelles au journal télévisé ?

INSTRUMENT DU DOMAINE 3 : PERCEPTION DE SOI/IMAGE DE SOI

Que penses-tu des phrases suivantes ?

Indique la catégorie de réponse qui correspond le mieux à ce que tu es, à ce qui se passe dans ton cas.

1. *Te considères-tu comme un élève travailleur ?*
   a) très travailleur
   b) plutôt travailleur
   c) moyennement travailleur
   d) peu travailleur
   e) pas travailleur du tout
2. *Quand tu dois venir à bout d'une tâche scolaire, est-ce que tu es persévérant ?*
   a) très persévérant
   b) plutôt persévérant
   c) moyennement persévérant
   d) peu persévérant
   e) pas persévérant du tout
3. *Es-tu un élève volontaire, qui fait tout son possible pour avoir de bons résultats à l'école ?*
   a) très volontaire

b) plutôt volontaire
c) moyennement volontaire
d) peu volontaire
e) pas volontaire du tout

Catégories de réponse

1	*2*	*3*	*4*	*5*
D'accord Vrai	*Plutôt d'accord Plutôt vrai*	*Indécis Je ne sais pas*	*Plutôt pas d'accord Plutôt faux*	*Pas d'accord Faux*

4. Je déteste arrêter mon travail avant d'avoir fini
5. Je ne me sens à l'aise que quand j'ai bien fait mon travail
6. On devrait toujours essayer de faire de son mieux
7. Pour l'école, je travaille soigneusement et précisément
8. Je fais mes devoirs régulièrement
9. J'ai du mal à me concentrer quand j'étudie
10. Je ne suis pas capable de m'asseoir et d'étudier pendant un long moment
11. Je suis un des ces élèves qui aiment étudier
12. Je considère les études comme un mal nécessaire
13. Ces temps-ci, je m'ennuie à l'école
14. Nous avons des professeurs que j'admire
15. La plupart de mes professeurs ont vraiment à coeur le bien des élèves

Comment te vois-tu ?
Pour chacune des phrases suivantes, dis si c'est vrai ou pas vrai dans ton cas.

Catégories de réponse

1	*2*
Vrai dans mon cas	*Pas vrai dans mon cas*

16. Chaque fois que j'essaie de prendre de l'avance à l'école, il arrive quelque chose qui me retarde
17. Pour moi, cela n'a pas de sens d'essayer de travailler dur pour l'école, parce que je n'arriverai tout de même jamais à grand chose
18. La plupart de mes professeurs ont une bonne opinion de moi
19. Je pense que la plupart de mes professeurs m'aiment bien

20. Je préfère ne pas penser à toutes les choses qui m'arriveront dans l'avenir
21. J'ai l'impression que toutes les portes de l'avenir me sont ouvertes
22. Je suis plutôt pessimiste quand je pense à mon avenir
23. Je pense souvent que je ne suis pas aussi malin que mes camarades de classe
24. J'essaie souvent de faire de mon mieux, mais je n'arrive pas à maîtriser les choses que d'autres font sans difficulté
25. Je voudrais être aussi intelligent que les autres
26. La plupart du temps, quand on nous distribue les copies pour un contrôle, je sens mon coeur battre à toute vitesse
27. Avant les examens, j'ai souvent le ventre noué, comme quand j'ai mal à l'estomac
28. Quand je rencontre des difficultés lors d'un examen, je me décourage facilement et l'idée d'obtenir une mauvaise note me rend anxieux
29. La veille d'un examen, il arrive souvent que la peur m'empêche de m'endormir

Catégories de réponse

1	*2*	*3*	*4*
Tout à fait d'accord	*D'accord*	*Pas d'accord*	*Pas du tout d'accord*

30. Parfois, je me sens vraiment inutile
31. Dans l'ensemble, je suis content de moi
32. Je trouve que j'ai pas mal de qualités
33. Parfois, je pense que je ne vaux rien du tout

Catégories de réponse

1	*2*	*3*	*4*
Jamais	*Pas très souvent*	*Souvent*	*Toujours*

34. Je peux réellement être attentif en classe
35. Quand il le faut, je peux vraiment travailler dur à l'école
36. Si je le veux, je suis capable d'écouter très attentivement ce que dit mon professeur

37. J'ai du mal à m'obliger à écouter attentivement mes professeurs
38. Il est réellement difficile pour moi de faire des efforts à l'école
39. C'est difficile pour moi de rester attentif en classe
40. Pense à tes camarades de classe. Par comparaison avec eux, comment juges-tu tes capacités à bien travailler en classe ?

Très bonnes	+4
	+3
	+2
	+1
Dans la moyenne	0
	–1
	–2
	–3
Très mauvaises	–4

41. Pense à tous les élèves de ton âge (même à ceux qui fréquentent d'autres écoles que la tienne). Par comparaison avec eux, comment juges-tu tes capacités à bien travailler en classe ?

Très bonnes	+4
	+3
	+2
	+1
Dans la moyenne	0
	–1
	–2
	–3
Très mauvaises	–4

42. Certains élèves se sentent plus heureux, plus à l'aise que d'autres à l'école. Si tu considères ta situation scolaire dans son ensemble, comment la ressens-tu ?

Je me sens très bien à l'école	+4
	+3
	+2
	+1
Je ne me sens ni vraiment bien, ni vraiment mal	0
	–1
	–2
	–3
Je me sens très mal à l'aise à l'école	–4

◆ *La course*

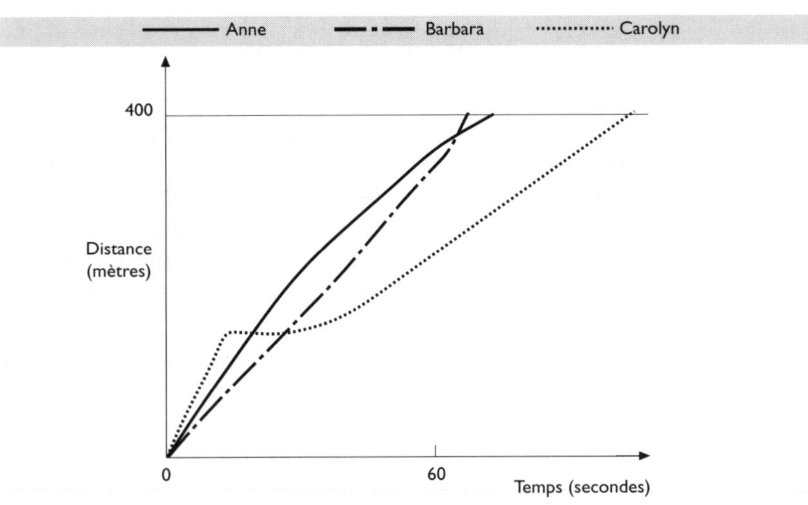

Source : OCDE (1995c).

Le graphique ci-dessus décrit ce qui se passe quand 3 athlètes, Anne, Barbara, Carolyn, participent à une course de 400 mètres.

Imagine que tu es un commentateur sportif de cette course. Décris avec attention ce qui se passe durant cette course. Tu ne dois rien mesurer précisément. Tu ne dois pas prendre plus de 10 minutes pour faire cet exercice.

INSTRUMENT DES DOMAINES 2 ET 4 : RÉSOLUTION DE PROBLÈMES ET COMMUNICATION

PROJET D'EXCURSION

Une tâche intégrée

Dans cet exercice, on te demande de faire plusieurs choses différentes. En particulier, tu devras lire des textes et répondre aux questions qui te seront posées à leur propos. Il te sera aussi demandé d'écrire un rapport à partir d'une série d'informations qui te seront présentées sous forme de lettres, de publicités, d'horaires et de plans. Ton travail sera jugé en tenant compte de ton habilité à résoudre les problèmes posés et à communiquer par écrit avec autrui.

Tu es un membre du Comité organisateur du Club de jeunes de ta localité. Le Comité organisateur se compose de six des trente jeunes membres du club et est responsable de l'organisation des activités sociales, sportives et du travail de volontariat dans le club. Les membres du club ont entre 13 et 16 ans et proviennent de différents milieux économiques, sociaux et culturels. Certains sont des étrangers récemment immigrés, deux autres sont des étudiants étrangers participant à un programme d'échanges. Enfin, un des membres se déplace en chaise roulante.

A la fin de chaque été, le club organise une excursion ou une fête. La directrice du club a prévu 300$ pour couvrir tous les frais, c'est-à-dire le transport, le prix d'entrée et éventuellement le prix des tickets supplémentaires pour les attractions, l'équipement à louer, la nourriture et les boissons, cela pour tous les membres du club. Cette sortie se déroulera le samedi 25 août. Ce jour-là, après le petit déjeuner, les membres du club se retrouveront au centre récréatif, qui est leur quartier général ; ils seront de retour chez eux pour le repas du soir.

Pendant l'été, les membres du club ont récolté des brochures, des publicités, des annonces, des plans et d'autres informations pouvant les aider à choisir et à planifier l'excursion. La semaine dernière, le Comité organisateur a fait rapidement le tri de l'ensemble des informations et a éliminé celles qui ne convenaient manifestement pas pour la sortie de fin d'été. Les informations qui n'ont pas été éliminées se trouvent dans ce dossier. Tu as été choisi par les autres membres du Comité pour analyser à fond les informations du dossier. Tu dois faire un plan détaillé des activités de la journée d'excursion, puis présenter les différentes options possibles sous forme d'un rapport écrit destiné aux autres membres ; ce qui permettra au Comité de faire les préparatifs nécessaires. Dans ton rapport, tu devras préciser si une option est meilleure qu'une autre, et expliquer pourquoi.

Avant de commencer ton rapport, réponds aux six questions suivantes. Tu devrais consacrer approximativement cinq minutes aux cinq premières questions à choix multiples et dix minutes pour répondre à la sixième.

Choisis la réponse qui convient le mieux pour compléter chacune des phrases suivantes en encerclant la lettre correspondante.

1. Dans mon rapport, je devrais faire figurer

a) le plan de l'activité la plus appropriée
b) le plan et les préparatifs de l'activité la plus appropriée
c) le plan et les préparatifs de plusieurs activités
d) le plan de plusieurs activités

2. Mon rapport sera présenté

a) aux membres du Club de jeunes
b) aux membres du Comité organisateur
c) à la directrice du Club de jeunes
d) à aucune des personnes citées ci-dessus

3. J'écris le rapport dans le but

a) d'informer le Comité organisateur de l'activité ou des activités que je veux entreprendre pour l'excursion de fin d'été
b) d'informer le Club de jeunes de l'activité ou des activités que je veux entreprendre pour l'excursion de fin d'été
c) d'informer le Comité organisateur de l'activité ou des activités qui pourraient être entreprises pour l'excursion de fin d'été
d) d'informer le Club de jeunes de l'activité ou des activités qui pourraient être entreprises pour l'excursion de fin d'été

4. Il y a une semaine, les membres du Comité organisateur

a) ont décidé d'organiser et de préparer l'excursion de fin d'été
b) ont décidé de récolter des informations pour l'excursion de fin d'été
c) ont décidé de limiter les différentes possibilités pour l'excursion de fin d'été
d) ont décidé de me désigner pour planifier l'excursion de fin d'été

5. Le Comité organisateur

a) a définitivement éliminé toutes les informations qui ne convenaient pas
b) peut avoir éliminé des informations qui ne convenaient pas
c) n'a pas éliminé d'information qui ne convenait pas
d) a définitivement éliminé quelques informations qui ne convenaient pas

6. Fais une liste des aspects que tu prendras en compte lors de l'examen des informations fournies

Quand tu reliras ta liste, tu remarqueras peut-être que certains points sont similaires à d'autres. Regroupe ces points similaires; vois si tu peux les organiser.

Souviens-toi : tu as environ dix minutes à consacrer à cette question.

7. Examine très attentivement les feuillets d'information ci-joints. Il te faudra environ vingt minutes pour rédiger ton rapport.

Viens applaudir et soutenir
ton club favori !

AU CHAMPIONNAT DE FOOTBALL DE LA VILLE DE NORWOOD

SAMEDI 25 AOÛT
AU STADE COLUMBIA

FINALE DES JUNIORS A 10 h 30 FINALE DES SENIORS A 14 h 30

SPECTACLE ENTRE LES JEUX

Troupe de jongleurs ambulants
Orchestres des écoles secondaires de la ville
Et encore d'autres surprises !!!

**Accès au stade : 3$** (2$ sur présentation d'une carte d'étudiant)

Stade Columbia
700, Trembly Drive
Norwood (C.-B.)
Tél. : 555-7664

Les toilettes du stade ainsi que certaines places assises sont accessibles en chaise roulante.
Prière de téléphoner pour réserver des places accessibles en chaise roulante.

STADE COLUMBIA

PETITE RESTAURATION – SNACK

Hamburger de luxe	**3.95$**
Hamburger au fromage	**4.50$**
Sandwich au poisson	**4.50$**
Sandwich au poulet	**3.25$**
Frites	**1.25$**
Crème glacée	**1.00$**
Limonades	**1.25$**

Stade Columbia
700, Trembly Drive
Norwood (C.-B.)
Tél. : 555-7664

Les toilettes du stade ainsi que certaines places assises sont accessibles en chaise roulante.
Prière de téléphoner pour réserver des places accessibles en chaise roulante.

LE MONDE SAUVAGE
RÉSERVE ZOOLOGIQUE ET REFUGE D'OISEAUX

Madame M.R. Lee
Directrice de programme
Centre récréatif communautaire
123, Charles Street
Norwood (Colombie-Britannique)

Chère Madame,

Le changement de saison amène de nouvelles attractions pour les visiteurs de la réserve zoologique LE MONDE SAUVAGE. Notre équipe a programmé de nombreuses activités pour les prochains mois. Nous espérons que vous communiquerez ces informations aux autres membres du Centre récréatif communautaire.

Nous sommes très fiers des nouveaux arrivages dans notre parc à gibier. Nous avons récemment reçu des bisons, des chameaux, des lamas et dix espèces de reptiles qui viennent s'ajouter à notre large collection d'oiseaux et d'animaux exotiques. Le prix d'entrée comprend une promenade guidée à travers le parc à gibier dans lequel vous pourrez observer les animaux se promener dans leur enclos. Il comprend aussi la visite du zoo d'animaux familiers et de la maison des reptiles.

De nouveaux sentiers pédestres amènent les visiteurs à travers les marécages et les zones où nichent les oiseaux. Vous aurez l'occasion d'y voir de nombreuses espèces dans leur milieu naturel. Sur les sentiers de promenade se trouvent des panneaux explicatifs décrivant chaque type d'oiseaux que vous pourriez voir. Les sentiers ont été conçus pour les amateurs de photos et les ornithologues.

Grâce à notre nouvel aménagement, vous pourrez maintenant, si vous le désirez, terminer l'après-midi par un barbecue. Pour 10$ par personne, vous pourrez profiter d'un grand choix de steaks, de poissons ou de poulet, avec des frites ou des pommes de terre en chemise, de la salade, un dessert, du thé, du café ou des limonades. Pour le barbecue, nous vous demandons de réserver deux jours à l'avance. Une aire de pique-nique couverte est également prévue pour les visiteurs qui apportent leur déjeuner.

Les portes du MONDE SAUVAGE s'ouvrent à 10 h du matin et se ferment à 20 h 30. Pour arriver à l'entrée principale, à l'angle de Lentil Avenue et de Broad Street, suivre Main Street en direction de l'ouest, ou bien prendre l'autobus 41 qui part de la gare des bus. Le prix d'entrée est de 6$ par personne, moitié prix pour les enfants de moins de 12 ans. Le parking est gratuit. Pour plus d'informations ou pour réserver le barbecue, vous pouvez nous joindre au 555-7812. Nous espérons vous voir bientôt au MONDE SAUVAGE.

Bien amicalement,

R. Curtis.

SHELLEY BISHOP – HARPE

Tournée dans les écoles
et dans les maisons de jeunes

Cette célèbre artiste viendra dans ton école, ton église, ou dans la maison des jeunes de ta localité et interprétera les meilleurs morceaux de musique classique et folklorique européenne, sélectionnés tout spécialement pour un public jeune. Elle a aussi à son répertoire des interprétations de morceaux de musique populaire qui ont toujours connu un grand succès.

Aucune infrastructure n'est nécessaire, excepté une salle avec un nombre de sièges suffisant pour accueillir le public attendu.

Elle interprétera entre autres :

Haydn : Sonate n° 2 pour piano (arrangée pour la harpe).
Mozart : Divertimento n° 1 (arrangé pour la harpe).
Haendel : Concerto pour harpes (arrangé pour un solo de harpe).
Mélodies celtiques du pays de Galles et d'Écosse.

Le concert de 90 minutes sera suivi d'une séance de questions et il sera également possible de rencontrer l'artiste, le tout pour seulement 200$.

Pour plus d'informations, vous pouvez contacter :

Arthur Pelley
« Artists Unlimited »
Téléphone : (302) 989-2211

FANTASY FUN

PARC D'ATTRACTIONS

Nous venons tout juste d'agrandir notre galerie de jeux électroniques en y ajoutant davantage de tes jeux vidéo favoris.

MAINTENANT

Tu peux non seulement vivre les expériences les plus **géniales,** les plus **excitantes** et les plus **effrayantes** à notre **fête foraine.**

MAIS AUSSI

Jouer dans notre **galerie de jeux électroniques** aux **jeux vidéo les plus récents et les plus techniquement impressionnants,** comprenant entre autres la **réalité virtuelle !**

OUVERT DE 10h A 1h DU MATIN

ENTRÉE*
(comprenant aussi l'entrée à la galerie de jeux vidéo)

Adulte : **10$**
Étudiant : **7.50$**
Enfant de moins de 12 ans : **5$**
Troisième âge : **5$**

*Tickets pour attractions foraines en supplément.
Nombre moyen de tickets par attraction : quatre.
Prix d'un ticket : 1.50$
Prix d'un carnet de 25 tickets : 35$.

FANTASY FUN PARC D'ATTRACTIONS
101, Ocean Drive, Norwood (C.-B.)
Tél. : 555-5436

Horaires de bus

Tarif : pour 90 minutes de trajet
Adulte : 1.25$
Étudiant : 0.80$
Enfant de moins de 11 ans : gratuit
Troisième âge : 0.80$

Ligne 21 EST/OUEST

Itinéraire : (vers l'ouest ⟶) : gare des bus, Kitchener, Laurel, Ocean, Cedar, Birch, Elm, Kitchener, gare des bus (⟵ vers l'est).
Départ du premier bus à 7 h, départ toutes les 30 minutes jusqu'à 23 h 30.
Des bus accessibles en chaise roulante démarrent toutes les heures impaires.

Départ de la gare des bus vers l'OUEST	Arrêt au coin de Lentil Av. et de Elm St.	Arrêt au coin de Ocean Dr. et de Cedar St.	Retour à la gare des bus
7 h 00	7 h 05	7 h 15	7 h 30

Départ de la gare des bus vers l'EST	Arrêt au coin de Laurel St. et de Birch St.	Arrêt au coin de Ocean Dr. et de Cedar St.	Retour à la gare des bus
7 h 00	7 h 07	7 h 20	7 h 30

Ligne 31 NORD/SUD

Itinéraire : (vers le nord ⟶) : gare des bus, Kitchener, Laurel, Newart, Smith, Main, Trembly, Ocean, Charles, Kitchener, gare des bus (⟵ vers le sud).
Départ du premier bus à 7 h, départ toutes les 30 minutes jusqu'à 23 h 30.
Des bus accessibles en chaise roulante démarrent toutes les heures paires.

Départ de la gare des bus vers le NORD	Arrêt au coin de Newart St. et de Smith St.	Arrêt au coin de Ocean Dr. et de Charles St.	Retour à la gare des bus
7 h 00	7 h 08	7 h 20	7 h 30

Départ de la gare des bus vers le SUD	Arrêt au coin de Ocean Dr. et de Charles St.	Arrêt au coin de Newart St. et de Smith St.	Retour à la gare des bus
7 h 00	7 h 10	7 h 22	7 h 30

Ligne 41 NORD/SUD

Itinéraire : (vers le nord ⟶) : gare des bus, Kitchener, Elm, Pemberton, Broad, Newart, Joyce, Kitchener, Broad, Lentil, Joyce, Kitchener, gare des bus (⟵ vers le sud).
Départ du premier bus à 7 h, départ toutes les 30 minutes jusqu'à 23 h 30.
Des bus accessibles en chaise roulante démarrent toutes les heures impaires.

Départ de la gare des bus vers le NORD	Arrêt au coin de Broad St. et de Newart St.	Arrêt au coin de Broad St. et de Lentil Av.	Retour à la gare des bus
7 h 00	7 h 10	7 h 20	7 h 30

Départ de la gare des bus vers le SUD	Arrêt au coin de Broad St. et de Lentil Av.	Arrêt au coin de Broad St. et de Newart St.	Retour à la gare des bus
7 h 00	7 h 10	7 h 20	7 h 30

◆ ***Plan***

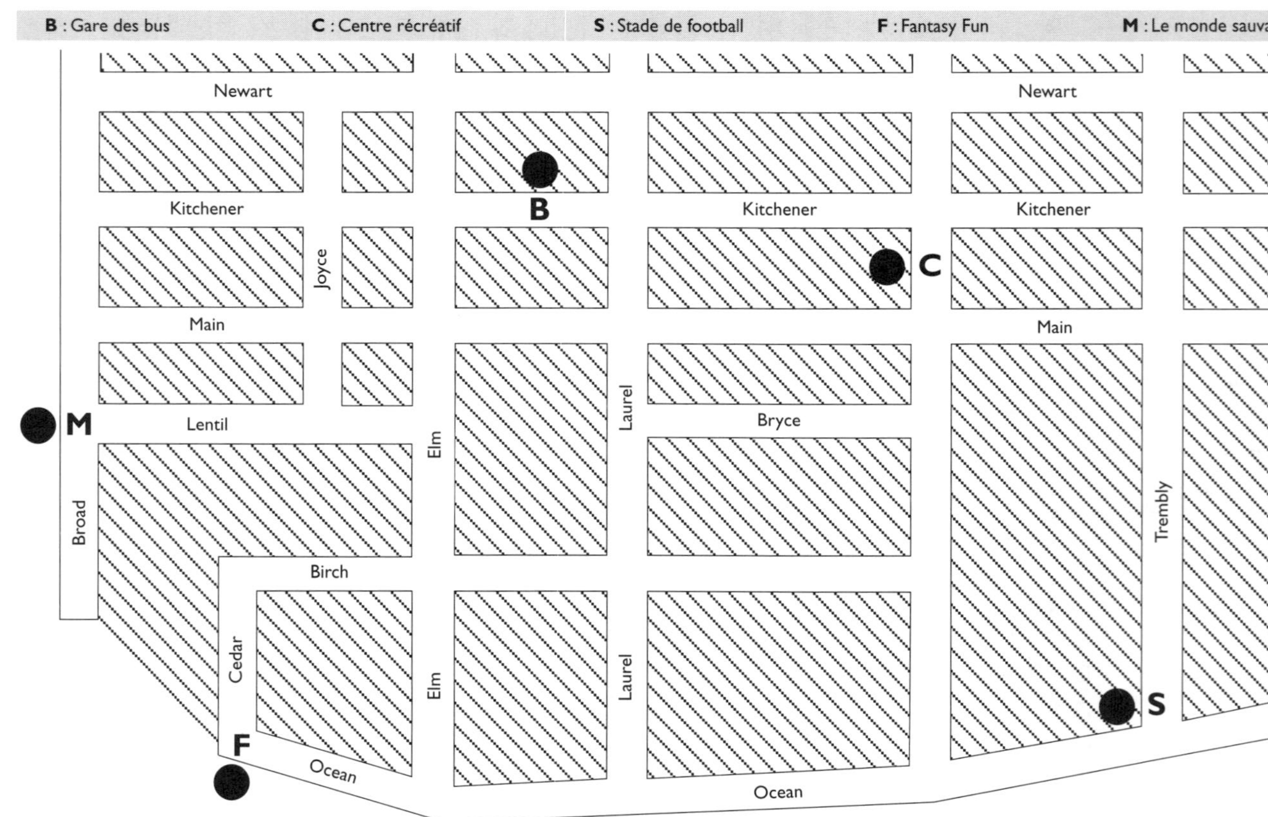

Source : Auteur pour l'OCDE.

QUESTIONNAIRE ADRESSÉ AUX ÉLÈVES

Après avoir terminé l'exercice, réponds s'il te plaît aux questions suivantes en entourant le chiffre correspondant à la réponse qui te convient le mieux :

A. *Tu as aimé travailler à cet exercice ?*

1. Beaucoup
2. Moyennement
3. Pas tellement
4. Pas du tout

B. *Es-tu satisfait du rapport que tu as écrit ?*

1. Très satisfait
2. Assez satisfait
3. Pas tellement satisfait
4. Pas satisfait du tout

C. *A ton avis, est-ce que les problèmes rencontrés dans cet exercice semblent refléter la réalité ?*

1. Tout à fait
2. Quelque peu
3. Pas tellement
4. Pas du tout

D. *Trouves-tu que tu avais assez de temps pour faire cet exercice ?*

1. Oui, plus qu'assez
2. A peu près assez
3. Pas vraiment assez
4. Pas assez du tout

E. *La lecture de toutes les informations t'a-t-elle semblé difficile ?*

1. Très difficile
2. Assez difficile
3. Pas particulièrement difficile
4. Pas difficile du tout

ANALYSE DES DONNÉES ET CONSTRUCTION DES ÉCHELLES

INTRODUCTION : DE MERCURE A PLUTON

Dans le présent chapitre, il est fait rapport de l'analyse des données. L'objectif principal était de déterminer si les diverses tâches et les batteries de questions auxquelles ont été soumis les élèves permettraient d'élaborer des instruments fiables dans les quatre domaines considérés. Comme le seul but était la construction d'instruments, les échantillons des pays participants ne devaient pas être représentatifs. Il ne s'agissait pas (encore) de comparer les pays. Les échantillons très sélectifs que nous avons utilisés ne devaient servir qu'à la mise au point d'instruments. Tous les participants ont convenu dès le départ qu'il ne faudrait pas essayer de se servir des instruments à des fins de comparaison entre les pays. Pour limiter le risque de comparaisons indues entre les neufs pays et communautés ayant participé à l'étude, on leur a affecté les noms des planètes de notre système solaire. Dans chaque domaine, plusieurs instruments ont été testés selon une méthode standardisée.

On s'est d'abord arrêté au **domaine 1**, politique, économie et instruction civique, puis au **domaine 3**, perception de soi/image de soi, et enfin aux **domaines 2 et 4** combinés, résolution de problèmes et communication. Les compétences en matière de résolution de problèmes et de communication ont été mesurées à l'aide d'une tâche intégrée qui a donné lieu à des analyses communes.

Sauf stipulation contraire, pour chaque analyse effectuée, seuls ont été exclus (supprimés des listes) les élèves n'ayant pas apporté de réponse (valable) à un ou plusieurs items inclus dans ladite analyse.

La méthode que nous avons utilisée pour construire les échelles et en examiner la stabilité comprend deux étapes. Dans un premier temps, on a comparé la fidélité des échelles de pays à pays. Les normes appliquées suivent les lignes directrices sur les indicateurs de résultats de l'enseignement adoptées par le Réseau A de l'OCDE (Phillips, 1993). Des alpha de Cronbach de 0.80 ont été jugés souhaitables, 0.70 étant considéré comme la limite inférieure acceptable. Les échelles présentant des coefficients de fidélité inférieurs à 0.70 ont été considérées (légèrement) problématiques, alors que les coefficients inférieurs à 0.60 ont été jugés inacceptables. Ces normes peuvent sembler assez élevées, mais il faut se rappeler que les futures comparaisons entre pays établies sur la base d'instruments ayant une fidélité peu élevée ne seront pas particulièrement utiles. Dans un deuxième temps, on a comparé les indices de fidélité par sous-groupe dans les pays. Ces sous-groupes sont établis, dans la mesure du possible et lorsqu'il y a lieu, selon le sexe, la filière éducative et le degré d'urbanisation. Si la différence entre les alpha des sous-groupes est supérieure à 0.10, il en est fait mention dans le texte.

Bien que les critères soient élevés, il faut être prêt à obtenir de trop bons résultats : on peut en effet trouver pour chaque domaine plusieurs instruments de bonne qualité. Si cela se produit, un nouveau problème se pose, à savoir comment sélectionner les instruments les plus appropriés ou les plus prometteurs, ou comment fusionner éventuellement plusieurs échelles en une seule. Il suffit pour le moment de noter qu'il s'agit là d'un problème de nature très générale dans la construction des indicateurs, qui sera traité plus globalement au chapitre 5.

Les détails les plus importants permettant de déterminer si les échelles sont conformes aux normes scientifiques sont donnés dans les tableaux insérés dans le texte ci-après. On trouvera l'information complète sur les coefficients de fidélité par sous-groupe dans les tableaux figurant dans l'appendice 4, p. 94. On peut en outre obtenir sur demande des renseignements complémentaires concernant, par exemple, les distributions pour des items spécifiques.

DOMAINE 1 : POLITIQUE, ÉCONOMIE ET INSTRUCTION CIVIQUE[4]

L'instrument conçu pour le domaine 1 contenait 56 items au total. Sept échelles ont été élaborées à partir du contenu et des échelles utilisées par d'autres enquêteurs. Les stratégies d'analyse et les résultats relatifs à chacune de ces sept échelles sont présentés ci-après.

Connaissances (voir tableau 2)

Douze items visant à évaluer les connaissances des élèves en matière d'économie, de politique et de démocratie étaient inclus dans l'instrument. On peut en règle générale juger de l'acceptabilité de tels items de deux manières. Premièrement, on peut faire valoir qu'ils se rapportent à un ensemble de connaissances de base que doivent posséder les élèves à la fin de leur scolarité. On les juge alors principalement d'après leur contenu et la manière dont le domaine est couvert, et non d'après des critères empiriques. Deuxièmement, on peut analyser les données réelles pour se rendre compte si une échelle peut être construite à partir des items. Le problème du contenu des items sera réexaminé dans la conclusion. Nous nous concentrons ici sur la deuxième stratégie dans la mesure où ce chapitre traite de l'analyse des données.

Tableau 2. **Échelle : connaissances**

	Coefficients de fidélité			Caractéristiques statistiques	
	Total de l'échantillon	Filles	Garçons	Moyenne	Écart type
Mercure	0.658	0.650	0.650	5.87	2.39
Vénus	0.548	0.480	0.576	7.17	1.93
La Terre	0.703	0.690	0.718	6.28	2.51
Mars	0.498	0.453	0.455	7.52	1.92
Jupiter	0.656	0.656	0.650	7.48	2.46
Saturne	0.649	0.632	0.639	7.03	2.08
Uranus	0.589	0.535	0.568	8.01	1.91
Neptune	0.635	0.649	0.574	6.60	2.22
Pluton	0.509	0.524	0.494	7.35	1.92

Source : Auteur pour l'OCDE.

Pour les douze items de connaissances, il a été explicitement demandé aux élèves de laisser un blanc s'ils n'étaient pas sûrs de connaître la réponse. Les réponses manquantes ont été considérées dans l'analyse comme des réponses erronées.

Un item, celui portant sur la difficulté de vérifier les arguments publicitaires, a été supprimé en raison de l'ambiguïté des catégories de réponse proposées et, partant, de la faiblesse relative des corrélations items/totaux. Pour les échelles établies à l'aide des onze autres items, on a obtenu des alpha de Cronbach variant entre 0.47 et 0.70. L'analyse des distracteurs, y compris les non-réponses, n'a révélé aucun schéma systématique de pays à pays.

La fidélité de l'échelle a également été examinée au moyen de trois ventilations opérées dans les pays. Ventilation selon le sexe tout d'abord : la plus grande différence relevée entre les alpha obtenus pour les garçons et pour les filles s'élève à 0.10, mais elle se rapporte à un cas où le sexe et le niveau éducatif n'étaient pas indépendants. Ventilation selon le niveau éducatif ensuite (le cas échéant) : dans quatre pays sur six, la différence entre les alpha des diverses sections dépasse 0.10, les sections les plus faibles affichant les alpha les plus élevés. Ventilation selon le degré d'urbanisation enfin (le cas échéant) : dans deux pays sur quatre, la différence entre les alpha des régions rurales et urbaines est supérieure à 0.10, les régions urbaines enregistrant les alpha les plus élevés.

On a tenté aussi de répartir les items en deux échelles, l'une représentant les connaissances en économie, et l'autre les connaissances concernant la politique et la démocratie. Pour l'échelle mesurant les connaissances en économie, les valeurs des alpha varient entre 0.27 et 0.49. L'échelle mesurant les connaissances relatives à la politique et à la démocratie fait apparaître des valeurs situées entre 0.21 et 0.65. Vu la faiblesse de ces coefficients de fidélité, l'idée de diviser l'échelle de connaissances en deux sous-échelles a été abandonnée.

Nous avons également envisagé la possibilité de classer (unidimensionnellement) les items par ordre de difficulté. La méthode que nous avons appliquée est une forme d'analyse IRT (*Item Response Theory* ou théorie de la réponse aux items) appelée échelle de Mokken pour items polychotomiques (Debets et Brouwer, 1989). Les résultats montrent que, dans le meilleur des cas, on obtient une échelle très faible. On n'a donc pas procédé à des analyses d'échelle plus fines.

Conclusion

Aux fins de la mise au point d'indicateurs de CCC, les items portant sur les connaissances en matière d'économie, de politique et de démocratie sont très importants. Compte tenu des indices de fidélité obtenus, on peut avoir quelque doute quant à la possibilité de construire une échelle. Mais si on considère que les items reflètent un niveau de connaissances minimal ou requis, les scores sont plus importants que l'élaboration de l'échelle. Dans ce cas, il faut juger les items sur la base du contenu et de la couverture. Les résultats de l'étude pilote montrent que certains items sont peut-être trop difficiles, comme en témoignent la proportion relativement faible d'élèves ayant donné les bonnes réponses et les indices de fidélité plus élevés obtenus pour les sections plus faibles. Pour perfectionner le processus, nous proposons notamment d'ajouter des items à l'instrument et de réexaminer les domaines couverts par les items. Il peut aussi être très utile de procéder à des entrevues avec des élèves appartenant au groupe d'âge visé (groupe échantillon).

Droits de la femme (voir tableau 3)

Six items touchant les droits de la femme étaient aussi inclus dans le questionnaire. L'analyse d'échelle révèle pour ces items des coefficients de fidélité élevés de pays à pays, se situant entre 0.70 et 0.85.

La stabilité de l'échelle a de plus été vérifiée au moyen de trois ventilations réalisées dans les pays. D'abord une ventilation selon le sexe : sauf dans un pays, les coefficients de fidélité obtenus pour les filles sont plus faibles que ceux relevés pour les garçons. La grille de réponses des filles indique systématiquement une variance moins grande que celle des garçons, ce qui donne à penser qu'il existe une espèce d'« effet plafond ». Les ventilations par niveau éducatif et degré d'urbanisation font dans l'ensemble apparaître de faibles différences, sans uniformité d'un pays à l'autre.

Conclusion

Les six items sur les droits de la femme permettent d'établir une échelle présentant des niveaux de fidélité acceptables à travers les pays. Les ventilations effectuées dans les pays témoignent d'une grande stabilité, sauf dans le cas de la répartition par sexe.

Tableau 3. **Échelle : droits de la femme**

	Coefficients de fidélité			Caractéristiques statistiques	
	Total de l'échantillon	Filles	Garçons	Moyenne	Écart type
Mercure	0.810	0.667	0.831	24.66	4.43
Vénus	0.754	0.458	0.781	25.57	4.11
La Terre	0.851	0.677	0.854	25.56	5.05
Mars	0.697	0.554	0.660	23.07	4.05
Jupiter	0.791	0.673	0.808	26.11	3.91
Saturne	0.771	0.546	0.777	25.02	4.25
Uranus	0.718	0.505	0.801	26.38	3.49
Neptune	0.809	0.570	0.821	25.43	4.47
Pluton	0.808	0.649	0.827	24.89	4.55

Source : Auteur pour l'OCDE.

Valeur de la critique (voir tableau 4)

L'instrument englobait six items relatifs à la valeur attachée à la liberté de critiquer le gouvernement. L'analyse d'échelle révèle des indices de fidélité élevés pour ces items, variant entre 0.69 et 0.78 selon les pays.

Des ventilations ont été effectuées selon trois variables – le cas échéant – dans chaque pays, pour évaluer plus en détail la stabilité de l'échelle. Les analyses ont mis en évidence de légères différences seulement, sans uniformité d'un pays à l'autre.

Tableau 4. **Échelle : valeur de la critique**

	Coefficients de fidélité			Caractéristiques statistiques	
	Total de l'échantillon	Filles	Garçons	Moyenne	Écart type
Mercure	0.781	0.785	0.771	24.84	3.23
Vénus	0.737	0.718	0.744	25.94	3.23
La Terre	0.775	0.688	0.719	24.87	3.76
Mars	0.689	0.631	0.682	24.48	3.26
Jupiter	0.728	0.730	0.743	26.34	3.03
Saturne	0.723	0.689	0.748	25.43	3.11
Uranus	0.777	0.777	0.767	25.88	3.32
Neptune	0.747	0.745	0.785	24.89	3.56
Pluton	0.718	0.683	0.731	25.33	3.18

Source : Auteur pour l'OCDE.

Conclusion

Les six items sur la valeur de la critique forment une échelle présentant des niveaux de fidélité acceptables de pays à pays et à l'intérieur des pays.

Confiance en l'avenir

L'instrument du domaine 1 contenait cinq items sur la confiance qu'ont les élèves en l'avenir. L'analyse d'échelle fait apparaître des alpha de Cronbach s'échelonnant entre 0.47 et 0.60. Comme ces coefficients de fidélité sont très faibles et que le domaine 3 comportait des questions basées sur un concept comparable, ces items ont été englobés dans les analyses du domaine 3.

Conclusion

Les cinq items portant sur la confiance en l'avenir n'ont pas permis d'élaborer une échelle acceptable et ont été transférés au domaine 3 pour complément d'analyse.

Confiance en soi en matière politique (voir tableau 5)

Le questionnaire contenait aussi quatre items destinés à évaluer la confiance en soi que manifestent les élèves en matière politique. L'analyse d'échelle pour ces quatre items révèle des alpha de Cronbach variant entre 0.64 et 0.75.

Tableau 5. **Échelle : confiance en soi en matière politique**

	Coefficients de fidélité			Caractéristiques statistiques	
	Total de l'échantillon	Filles	Garçons	Moyenne	Écart type
Mercure	0.751	0.777	0.659	12.74	2.61
Vénus	0.736	0.791	0.708	13.27	3.08
La Terre	0.735	0.745	0.727	14.01	2.91
Mars	0.747	0.733	0.764	12.34	2.66
Jupiter	0.639	0.688	0.561	12.57	2.36
Saturne	0.665	0.625	0.710	11.80	2.57
Uranus	0.724	0.697	0.725	12.85	2.76
Neptune	0.751	0.773	0.716	11.78	3.03
Pluton	0.741	0.756	0.717	11.77	3.12

Source : Auteur pour l'OCDE.

La stabilité de l'échelle a en outre été examinée au moyen de trois ventilations réalisées dans les pays. Dans deux cas, la ventilation par sexe aboutit à des alpha qui diffèrent de plus de 0.10, sans explication apparente. La ventilation selon le niveau éducatif produit, dans deux cas, des alpha présentant une différence supérieure à 0.10. Ces différences peuvent dans une certaine mesure être attribuées à la mise en place d'élections de classes et/ou d'écoles dont il est fait mention dans deux des items. La ventilation par niveau d'urbanisation ne fait ressortir que de légères différences, non uniformes entre les pays.

Une proportion relativement forte d'élèves a choisi la réponse « je ne sais pas » pour ces items, ce qui a pu nuire aux résultats. Les analyses qui n'ont pas tenu compte de cette catégorie de réponse ont systématiquement abouti à des niveaux de fidélité plus élevés – entre 0.76 et 0.86. Ces résultats montrent aussi qu'il est possible d'adapter les catégories de réponse afin de renforcer l'échelle.

Conclusion

Il serait possible d'élaborer une échelle ayant des niveaux de fidélité acceptables à partir des quatre items relatifs à la confiance en soi en matière politique. Les ventilations effectuées dans les pays révèlent une remarquable stabilité. Mais il se pourrait que l'échelle soit moins robuste dans les pays et/ou filières où les élections de classes et/ou d'écoles sont moins courantes. Comme le nombre d'items est assez peu élevé (quatre), il est proposé d'ajouter deux items à l'échelle si on décidait de l'utiliser. On pourrait aussi améliorer les coefficients de fidélité en supprimant la réponse « je ne sais pas ».

Tolérance (voir tableau 6)

Huit items concernaient la tolérance des élèves à l'égard de certains de leurs condisciples, par exemple ceux qui ont des difficultés d'apprentissage. Il est vite devenu évident que les deux items formulés en termes négatifs devaient être analysés séparément. Pour les six autres items, on a obtenu des alpha de Cronbach oscillant entre 0.67 et 0.78 de pays à pays. On s'est toutefois aperçu que ce mode d'analyse n'était pas tout à fait approprié et on a par conséquent adopté l'échelle de Mokken pour items polychotomiques (Debets et Brouwer, 1989). Ce type d'analyse se comprend mieux si on le considère comme l'équivalent ordinal du modèle de Rasch, plus connu. Le coefficient d'adéquation de l'échelle de Mokken est le H de Loevinger. Les valeurs de H inférieures à 0.30 indiquent une absence d'échelle. Les valeurs comprises entre 0.30 et 0.40 dénotent une échelle faible, alors que les valeurs se situant entre 0.40 et 0.50 révèlent une échelle moyenne. Des valeurs de H supérieures à 0.50 signalent une échelle robuste, mais il est très rare dans la pratique d'obtenir des données aussi élevées.

Tableau 6. **Échelle : tolérance**

	H de Loevinger			Caractéristiques statistiques	
	Total de l'échantillon	Filles	Garçons	Moyenne	Écart type
Mercure	0.44	0.44	0.46	13.25	1.84
Vénus	0.46	0.50	0.44	13.66	2.14
La Terre	0.43	0.44	0.44	11.94	2.22
Mars	0.44	0.43	0.43	12.66	1.86
Jupiter	0.51	0.51	0.51	13.02	1.88
Saturne	0.44	0.40	0.50	13.16	1.92
Uranus	0.43	0.45	0.40	14.02	2.11
Neptune	0.47	0.41	0.48	13.68	2.31
Pluton	0.37	0.36	0.38	14.37	1.87

Source : Auteur pour l'OCDE.

Pour les six items formulés en termes positifs, l'échelle de Mokken conduit à des H de Loevinger variant entre 0.37 et 0.51, ce qui indique une bonne échelle. Les ventilations par sexe, niveau éducatif et degré d'urbanisation accusent certaines variations, quoiqu'inégales. Les chiffres réels obtenus confirment néanmoins les bonnes propriétés de cette échelle.

Conclusion

Les six items sur la tolérance formulés en termes positifs peuvent donner lieu à une bonne échelle sur la base du modèle IRT. Il a été proposé d'ajouter d'autres items à connotation négative de manière à pouvoir établir une échelle distincte.

Intérêt pour la vie politique (voir tableau 7)

Cinq ensembles de trois items chacun ont été inclus pour évaluer dans quelle mesure les élèves discutent de questions politiques et s'y intéressent. Ces quinze items font systématiquement apparaître des indices de fidélité élevés à travers les pays, les alpha de Cronbach se situant entre 0.79 et 0.88. Les ventilations effectuées dans les pays indiquent une grande stabilité, les alpha ne faisant ressortir que de légères différences, non uniformes d'un pays à l'autre.

Vu le nombre d'items compris dans l'échelle (quinze), il faut se demander s'il est possible d'élaborer une échelle plus efficace. Pour des raisons de symétrie du contenu, trois items concernant les personnes sans travail ont été exclus. Pour les douze autres items, les indices de fidélité se situent entre 0.79 et 0.86 selon les pays.

Tableau 7. **Échelle : intérêt pour la vie politique**

	Coefficients de fidélité			Caractéristiques statistiques	
	Total de l'échantillon	Filles	Garçons	Moyenne	Écart type
Mercure	0.841	0.838	0.847	35.63	8.19
Vénus	0.820	0.819	0.832	34.41	8.02
La Terre	0.880	0.878	0.883	34.50	9.77
Mars	0.847	0.867	0.827	34.87	7.99
Jupiter	0.839	0.823	0.850	31.82	7.91
Saturne	0.811	0.821	0.797	32.10	7.55
Uranus	0.816	0.810	0.830	35.70	7.59
Neptune	0.853	0.868	0.838	30.26	7.88
Pluton	0.788	0.782	0.796	36.75	7.80

Source : Auteur pour l'OCDE.

Conclusion

Les quinze items mesurant l'intérêt pour la vie politique donnent lieu à une échelle qui est stable d'un pays à l'autre et au sein des pays. Il serait possible de l'améliorer en rendant le contenu des items plus symétrique. On pourrait ainsi supprimer trois items concernant les personnes sans travail et en ajouter un portant sur l'usage des médias en rapport avec les problèmes d'environnement.

Conclusion du domaine 1 : Politique, économie et instruction civique

Sur la base des analyses effectuées, nous avons pu élaborer au moins cinq échelles de bonne, voire d'excellente, qualité dans tous les pays ; elles se rapportent aux droits de la femme, à la valeur de la critique, à la confiance en soi en matière politique, à la tolérance et à l'intérêt pour la vie politique. L'instrument afférent aux connaissances est très pertinent mais doit être perfectionné.

Le simple fait que ces instruments sont désormais disponibles n'est rien moins qu'une importante réussite en soi et reflète en partie l'état des connaissances dans le domaine. Maintenant qu'a été résolue la question de savoir s'il est possible d'élaborer de tels instruments, une deuxième question se pose : Quels sont ceux qu'il y a lieu de choisir pour construire les indicateurs ? Nous y reviendrons au chapitre 5.

DOMAINE 3 : PERCEPTION DE SOI/IMAGE DE SOI[5]

Dans ce domaine en particulier, certaines différences entre les instruments utilisés par les pays participants ont pu avoir une influence sur les réponses aux items. Un pays a ainsi présenté les items dans un ordre différent afin de les intégrer dans un questionnaire plus large. Dans quelques autres pays, l'ordre des catégories de réponse proposées pour certains items a été inversé. Dans certains cas enfin, une (légère) modification du contenu des items due à la traduction peut expliquer les aberrations relevées dans les distributions entre pays.

Afin de concevoir des échelles fiables qui soient stables d'un pays à l'autre autant qu'à l'intérieur des pays, nous avons combiné trois façons de grouper les items dans nos analyses. Pour commencer, les items ont été groupés *a priori* selon les instruments originaux dont ils étaient tirés. Comme le nombre d'items dérivés du même instrument de base était souvent assez petit (s'élevant à trois ou quatre), cette méthode n'a pas toujours pu être utilisée. Les items ont donc aussi été groupés *a priori* en fonction de leur contenu dans les instruments originaux. La troisième approche consistait à grouper *a posteriori* les items en se fondant sur une analyse factorielle.

Voici un aperçu des échelles établies, qui explique aussi le processus par lequel chacune d'elles a été obtenue.

Persévérance (voir tableau 8)

Des items concernant l'effort, la persévérance et les habitudes de travail et d'apprentissage ont été tirés de plusieurs instruments existants. En raison du petit nombre d'items puisés dans chacun des instruments originaux, il n'était pas indiqué de procéder à une analyse sur la base de ces instruments. Dix-neuf items extraits de plusieurs instruments et présentant un lien avec le concept sous-jacent de « persévérance » ont été recensés. L'analyse factorielle effectuée pour ces dix-neuf items a fait apparaître deux facteurs largement similaires à travers les pays.

Tableau 8. **Échelle : persévérance**

	Coefficients de fidélité			Caractéristiques statistiques	
	Total de l'échantillon	Filles	Garçons	Moyenne	Écart type
Mercure	0.823	0.813	0.821	19.44	5.00
Vénus	0.813	0.798	0.816	18.11	5.10
La Terre	0.776	0.800	0.738	17.35	5.29
Mars	0.789	0.812	0.737	19.79	5.16
Jupiter	0.807	0.817	0.789	19.11	5.54
Saturne	0.820	0.829	0.796	19.59	5.35
Uranus	0.800	0.806	0.792	19.39	5.18
Neptune	0.811	0.792	0.824	18.85	5.44
Pluton	0.805	0.799	0.791	16.87	5.35

Source : Auteur pour l'OCDE.

Les résultats concernant le premier facteur sont présentés ci-après; les résultats concernant le second sont exposés à la rubrique suivante, intitulée « Opinions/ effort ».

Onze items faisaient partie du premier facteur dans tous les pays sans exception. A partir de ces onze items, une série de vérifications de la fidélité ont été effectuées afin de supprimer les items présentant de faibles corrélations items/ totaux tout en maintenant les alpha de Cronbach à des niveaux élevés. Ce procédé a permis d'obtenir une échelle comprenant sept items, avec des alpha oscillant entre 0.78 et 0.82.

Les ventilations selon le sexe et le niveau d'urbanisation n'ont pas révélé d'importantes différences de fidélité pour cette échelle. La ventilation par niveau éducatif a cependant fait apparaître dans deux cas des différences supérieures à 0.10, les niveaux les plus faibles affichant les valeurs les plus basses.

Conclusion

Il a été possible à partir de sept items de créer une échelle mesurant la persévérance, qui révèle des niveaux de fidélité élevés et stables à travers les pays et à l'intérieur des pays.

Opinions/effort (voir tableau 9)

Six items dérivés d'une échelle sur les opinions des élèves établie par Skinner/ Chapman et Baltes étaient inclus dans l'analyse factorielle décrite dans la section précédente. L'objectif était de voir s'il était possible de grouper les items différemment afin d'obtenir d'autres échelles fiables et stables. Dans tous les pays, les items

Tableau 9. **Échelle : opinions/effort**

	Coefficients de fidélité			Caractéristisques statistiques	
	Total de l'échantillon	Filles	Garçons	Moyenne	Écart type
Mercure	0.747	0.745	0.752	17.88	2.52
Vénus	0.780	0.756	0.785	17.57	2.99
La Terre	0.745	0.747	0.741	17.98	3.30
Mars	0.766	0.790	0.739	17.59	3.04
Jupiter	0.750	0.748	0.759	16.95	2.90
Saturne	0.803	0.835	0.763	16.01	3.13
Uranus	0.780	0.786	0.763	17.34	2.89
Neptune	0.795	0.824	0.773	18.11	3.11
Pluton	0.771	0.747	0.783	18.07	3.18

Source : Auteur pour l'OCDE.

de l'échelle originale sur les opinions des élèves constituent à l'évidence le second facteur. L'analyse d'échelle effectuée à l'aide de ces six items révèle des alpha de Cronbach compris entre 0.75 et 0.80.

Lorsque l'échelle a été ventilée par sexe et degré d'urbanisation, les coefficients de fidélité obtenus montrent que l'échelle est très stable dans ces contextes. Mais dans deux pays, la ventilation selon le niveau éducatif révèle une différence de plus de 0.10 entre les alpha de Cronbach. Comme dans la première échelle de ce domaine, les valeurs les plus basses ont été relevées dans les sections les plus faibles.

Conclusion

Une sélection de six items tirés d'une échelle originale mesurant les opinions des élèves et l'effort fourni permet d'obtenir des coefficients de fidélité élevés et stables d'un pays à l'autre et à l'intérieur des pays.

Perception des aptitudes scolaires (voir tableau 10)

L'instrument du domaine 3 comportait six items visant à mesurer la perception qu'ont les élèves de leurs propres aptitudes scolaires, comparées à celles de leurs condisciples. Trois items proposant quatre catégories de réponse ont été tirés d'une échelle existante relative à la perception personnelle des aptitudes aux études. Les trois autres sont ce qu'on appelle des items d'ancrage et comportaient neuf catégories de réponse. Dans certains pays, l'analyse factorielle englobant ces items a fait apparaître des facteurs distincts pour chaque série de trois items ; dans d'autres pays, différentes combinaisons ont été trouvées.

Tableau 10. **Échelle : perception des aptitudes scolaires**

	Coefficients de fidélité			Caractéristiques statistiques	
	Total de l'échantillon	Filles	Garçons	Moyenne	Écart type
Mercure	0.678	0.685	0.654	13.18	3.25
Vénus	0.651	0.680	0.632	12.90	3.13
La Terre	0.702	0.696	0.694	13.78	3.38
Mars	0.672	0.713	0.636	13.67	3.18
Jupiter	0.633	0.618	0.587	14.00	2.95
Saturne	0.599	0.595	0.613	14.55	3.58
Uranus	0.700	0.718	0.621	12.97	3.32
Neptune	0.776	0.806	0.707	13.50	3.49
Pluton	0.653	0.669	0.623	13.06	3.29

Source : Auteur pour l'OCDE.

L'analyse d'échelle montre clairement qu'une échelle combinée est plus stable et fiable d'un pays à l'autre que chaque échelle distincte. Afin de rassembler les six items dans une seule échelle, les neuf réponses aux items d'ancrage ont été converties en quatre réponses en fonction de leur distribution. De plus, on a supprimé l'un des items d'ancrage en raison de son contenu, ce qui a aussi permis d'obtenir des alpha de Cronbach plus élevés. Une échelle affectée d'indices de fidélité variant entre 0.60 et 0.78 selon les pays a été obtenue à l'aide des cinq autres items.

Les ventilations par sous-groupe dénotent une stabilité raisonnable de l'échelle dans les divers contextes même si, dans certains cas, les différences entre les alpha de Cronbach dépassent 0.10. Neptune a ainsi enregistré une différence de cet ordre dans la ventilation par sexe, mais les chiffres réels sont comparativement élevés. Dans trois cas, des différences significatives ont été relevées dans les ventilations par niveau éducatif, bien que le sens de ces différences n'ait pas été nettement défini.

Conclusion

Avec une combinaison de cinq items, on a pu établir une échelle sur la perception des aptitudes scolaires assez fiable et stable d'un pays à l'autre et à l'intérieur des pays. Il serait possible de l'améliorer en faisant concorder les catégories de réponse.

Acceptation de soi (items de Rosenberg)

Quatre items choisis parmi les dix que comportait l'échelle originale de Rosenberg (1965) étaient également incorporés dans l'instrument. Dans aucune des analyses factorielles englobant ces quatre items, on n'a pu trouver une autre manière de les grouper. L'analyse d'échelle a abouti à des alpha de Cronbach se situant entre 0.54 et 0.74 selon les pays.

La ventilation par sexe révèle des différences de fidélité notables dans trois pays ; il en va de même pour la ventilation selon le niveau éducatif dans deux pays. Dans certains de ces cas, les valeurs réelles sont inférieures à 0.50, ce qui suscite certaines inquiétudes. Les résultats ne sont par conséquent pas présentés ici mais peuvent être consultés dans l'appendice 4, p. 94.

Conclusion

Un choix de quatre items tirés de l'échelle originale de Rosenberg sur l'acceptation de soi aboutit à des coefficients de fidélité tantôt acceptables, tantôt problématiques selon les pays. Il serait possible de perfectionner l'échelle en augmentant le nombre d'items extraits de l'échelle originale.

Anxiété devant les tests

Cet instrument du domaine 3 comportait un choix de quatre items tirés d'une échelle originale sur l'anxiété devant les tests. Comme dans le cas précédent, aucune des analyses factorielles incluant ces items n'a permis de découvrir une autre manière de les grouper. L'analyse d'échelle relative à ces quatre items a conduit à des alpha de Cronbach variant entre 0.57 et 0.73 selon les pays.

La ventilation selon le sexe révèle des différences importantes entre les indices de fidélité dans deux pays, alors que la ventilation par niveau éducatif aboutit à des différences marquantes dans deux autres pays. Dans un autre cas encore, des différences significatives ont été enregistrées entre les élèves vivant en milieu urbain et ceux habitant en zone rurale. Les valeurs réelles sont inférieures à 0.50 pour certains de ces sous-groupes, ce qui est inquiétant. Les résultats ne sont donc pas présentés ici mais figurent en appendice 4, p. 94.

Conclusion

Un choix de quatre items tirés d'une échelle originale sur l'anxiété devant les tests révèle des coefficients de fidélité tantôt acceptables, tantôt problématiques selon les pays. Il serait possible d'améliorer l'échelle en augmentant le nombre d'items tirés de l'échelle de base.

Autres échelles

En ce qui concerne les autres items, on est arrivé à différents résultats avec les diverses méthodes qui ont été appliquées. Six items extraits de deux instruments originaux mesurant l'auto-efficacité ont été regroupés en une échelle qui affiche des coefficients de fidélité situés entre 0.43 et 0.65 selon les pays.

Un autre groupement *a priori* des instruments a permis de répartir les items en deux autres échelles. L'une d'elle, qui concerne la perception qu'ont les élèves de leurs professeurs, révèle des alpha de Cronbach allant de 0.39 à 0.66. L'autre, portant sur les orientations futures, associe des items du domaine 3 et des items du domaine 1 mentionnés précédemment. Les échelles obtenues affichent des niveaux de fidélité ne dépassant pas 0.49 à 0.62 selon les pays.

Les analyses factorielles dans lesquelles ont été intégrés ces items n'ont pas révélé des moyens de mieux les grouper.

Conclusion

Les items non compris dans les échelles du domaine 3 déjà décrites ont été groupés de différentes manières. Mais aucune des méthodes adoptées n'a conduit à des échelles suffisamment fidèles et stables d'un pays à l'autre.

Conclusion du domaine 3 : Perception de soi/image de soi

Les instruments du domaine 3 ont été examinés dans cette section. Les analyses montrent qu'au moins trois échelles de bonne, voire d'excellente, qualité ont été établies à travers les pays : persévérance, opinions/effort et perception des aptitudes scolaires. Il faudra sans doute les peaufiner afin de les rapprocher encore des normes nécessaires à l'établissement d'indicateurs internationaux. Deux autres instruments – acceptation de soi et anxiété devant les tests – n'ont qu'une fidélité modérée et devront être perfectionnés avant de pouvoir servir à la mise au point d'indicateurs. Cela pourrait se faire en revoyant certains des items ou en en ajoutant de nouveaux dans le but d'augmenter la fidélité[6].

En jugeant de ces résultats, il ne faut pas perdre de vue que la fidélité des instruments s'améliore en général avec la longueur des tests, mais les tests plus longs prennent plus de temps. Il peut dès lors être utile, dans l'optique de la mise en application des indicateurs, de calibrer les instruments et de rechercher un juste milieu entre longueur et fidélité.

DOMAINES 2 ET 4 : RÉSOLUTION DE PROBLÈMES ET COMMUNICATION[7]

Au cours de l'étude pilote, on a fait l'essai d'une tâche intégrée intitulée « Projet d'excursion » dans le but de mesurer les aptitudes à résoudre des problèmes et à communiquer[8]. Voici une description succincte des questions posées dans ce contexte (on en trouvera la description détaillée au chapitre 3). Le premier ensemble de questions portait sur un texte de présentation ; elles nous ont permis par la suite d'évaluer dans quelle mesure les élèves avaient compris le but de l'exercice. Venaient ensuite deux questions centrales devant servir de base principale à l'évaluation des compétences. Dans la première, on demandait aux élèves d'énumérer les aspects qu'ils prendraient en considération avant d'entreprendre l'exercice lui-même. Dans la deuxième, ils étaient invités à écrire un rapport. A la fin de l'exercice, les élèves étaient interrogés sur leurs impressions face à la tâche, notamment sur leur motivation, le temps qui leur avait été assigné et le degré de difficulté de l'exercice. Ces cinq dernières questions ont été incorporées dans l'exercice afin de faciliter l'interprétation ultérieure des réponses.

Le travail sur le terrain a fait apparaître des difficultés dans l'administration du test. Les administrateurs de tests ont observé que plusieurs élèves, en particulier ceux des sections faibles, avaient beaucoup de mal à accomplir l'exercice. Ils ont aussi relevé un manque de motivation et de temps.

En examinant les données, on s'est aperçu au premier coup d'oeil que dans chaque pays, un élève sur cinq au moins n'avait pas répondu à l'une des questions principales, ou plus souvent aux deux. Dans quelques pays, la proportion d'élèves n'ayant apporté aucune réponse a atteint 50 pour cent. Les analyses ultérieures ont donc été centrées sur deux aspects :

- Il a fallu d'une part trouver les motifs de ce fort taux de données manquantes et mettre pour cela l'accent sur les élèves qui n'avaient pas accompli la tâche.
- Il a fallu d'autre part déterminer si la tâche intégrée peut réellement servir à mesurer les aptitudes à résoudre des problèmes et à communiquer, et l'intérêt s'est alors focalisé sur les élèves ayant répondu à toutes les questions posées.

Nous traitons de ces deux aspects dans les sections ci-après. L'approche adoptée étant essentiellement exploratoire, elles sont de nature descriptive et ne s'accompagnent d'aucun tableau chiffré. Du reste, vu les difficultés rencontrées pendant le codage des questionnaires (voir chapitre 3), toutes comparaisons internationales effectuées sur la base de chiffres obscurciraient la situation réelle.

Le comment et le pourquoi des données manquantes

Comme il fallait s'y attendre, beaucoup d'élèves semblent avoir trouvé la tâche trop difficile. Les données confirment éloquemment les observations des administrateurs de tests. Les élèves qui n'ont pas répondu aux deux questions principales étaient jusqu'à deux fois plus nombreux dans les sections faibles que dans les sections fortes. La plupart d'entre eux ont cependant répondu aux questions à choix multiples relatives au texte d'introduction. On a donc pu dans une certaine mesure vérifier leur compréhension de la tâche qu'ils avaient à accomplir. Les élèves n'ayant pas répondu aux questions principales ont été plus souvent que les autres déroutés par la nature des informations fournies ; ils avaient en outre une idée plus vague de l'objectif du rapport qu'on leur demandait d'écrire ; ils ont enfin été nombreux à indiquer qu'ils jugeaient les documents difficiles à lire.

Une différence significative connexe entre les élèves qui ont tenté d'effectuer la tâche et les autres se situe dans leur motivation. Parmi les élèves n'ayant pas répondu aux questions, beaucoup ont dit qu'à leurs yeux, l'exercice ne reflétait pas la vie réelle, et certains ont jugé trop court le temps qui leur avait été imparti. Tout un autre groupe n'ayant pas mené la tâche à bien a estimé avoir eu bien assez de temps, ce qui est aussi logique.

Conformément à la nature de l'étude pilote, les procédures utilisées pour conduire le travail sur le terrain ont varié intentionnellement selon les pays et à l'intérieur même des pays. Mais compte tenu de tout ce qui précède, les variations apportées aux modalités d'exécution n'ont pas changé grand chose aux résultats : le nombre d'élèves n'ayant pas terminé l'exercice n'est en effet pas différent selon l'année d'études, selon le temps qui leur a été accordé, ou selon qu'ils ont accompli la tâche intégrée avant d'avoir reçu les carnets contenant les items des domaines 1 et 3 ou après les avoir reçus.

Tout bien considéré, un nombre considérable d'élèves n'a pas participé à l'exercice « Projet d'excursion » et semble avoir été complètement rebuté avant même de l'avoir commencé.

L'instrument en tant que tel

Le deuxième point à traiter était le suivant : L'outil en tant que tel permet-il de mesurer les compétences en résolution de problèmes et en communication ? Nous avons pour ce faire dirigé notre attention vers les élèves qui avaient mené tout l'exercice à son terme. Ce groupe représente environ 20 pour cent de l'échantillon dans la plupart des pays.

L'exercice « Projet d'excursion » a paru très difficile à ce groupe d'élèves également. Ils ont certes semblé avoir une idée un peu meilleure que les autres de ce que l'on attendait d'eux, mais la majorité a été incapable de répondre correctement à au moins trois questions sur cinq concernant le texte d'introduction. La nature des informations fournies paraît avoir provoqué l'essentiel des difficultés. Il ne semble cependant pas y avoir de rapport significatif entre la compréhension de l'exercice et la performance des élèves dans les deux questions principales.

Bien que ces élèves aient paru quelque peu plus motivés que les autres, on n'a pas vu se dessiner l'image d'élèves résolus, s'attaquant à un travail dans lequel ils se sentaient à l'aise. Quant au degré de difficulté perçu, il n'y a pas de rapport significatif entre la motivation des élèves et leur performance.

Sur le plan conceptuel, il n'est pas toujours possible de distinguer les compétences en communication des compétences en résolution de problèmes. Le codage des questionnaires a confirmé qu'il est difficile de démêler les deux types d'aptitude. L'analyse des résultats de ce groupe d'élèves corrobore ce jugement. Les items dérivés du même exercice mais se rapportant à des compétences différentes montrent plus de ressemblance que les items se rapportant à des compétences similaires mais dérivés d'exercices différents. On est donc amené à se demander si les compétences en matière de communication et de résolution de problèmes peuvent être mesurées simultanément, tout en pouvant être distinguées les unes des autres.

Conclusion du domaine 2 : résolution de problèmes et du domaine 4 : communication

On notera avant tout que beaucoup d'élèves n'ont pas compris tout ou partie de ce qu'on leur demandait. Bien qu'il ne soit pas souhaitable, dans l'optique de la mise au point d'indicateurs, de concevoir une tâche relative à la résolution de problèmes que tous les élèves sont capables de mener à bien, il est indéniable que l'exercice « Projet d'excursion » est trop difficile sous sa forme actuelle. Les obstacles sont tellement élevés qu'on ne peut se faire la moindre idée des compétences d'un nombre considérable d'élèves.

On pourrait lever au moins quelques-uns de ces obstacles en rendant l'exercice moins difficile et en limitant le nombre de documents à lire. Réduire la quantité de renseignements facilitera automatiquement un peu la tâche des élèves, tout en la rendant moins rebutante pour ceux qui ont de la difficulté à gérer des informations. Un autre sujet d'inquiétude est le manque de motivation des élèves à l'égard de la tâche. On pourrait la rendre plus attrayante en remplaçant la teneur actuelle de l'exercice par un sujet qui leur soit plus familier. On pourrait aussi améliorer la présentation et l'impression des documents pour rendre l'exercice plus attractif et faire en sorte qu'il évoque davantage une situation de la vie réelle.

Combiner l'évaluation de compétences en communication et de compétences en résolution de problèmes présente aussi des inconvénients, comme le montre l'expérience acquise au cours de ce test. Ainsi la difficulté à lire les documents a pu faire obstacle à la démonstration des aptitudes à résoudre des problèmes, alors qu'un manque de compétences dans le domaine de la résolution de problèmes a pu à son tour empêcher de faire preuve de compétences en communication écrite. Il s'est aussi révélé difficile d'évaluer des aptitudes différentes à partir d'une même question. Aussi serait-il peut-être souhaitable d'élaborer des exercices distincts pour les deux domaines afin de rendre mieux justice aux compétences des élèves. Il ne faut cependant pas oublier qu'au moment de la réalisation de l'étude pilote, on ne disposait d'aucun outil présentant les caractéristiques voulues.

EXEMPLES D'INDICATEURS DE CCC

L'étude pilote visait en gros à découvrir s'il est possible de concevoir des indicateurs de compétences transdisciplinaires. Le projet sur les CCC était au départ fondé sur l'idée que les CCC se composent de différents domaines et que, dans chacun de ces domaines, on peut distinguer différentes dimensions (voir le chapitre 3 également). Au cours de l'analyse des données, on a établi des échelles pour ces différentes dimensions, dans chacun des domaines.

Lorsqu'on en vient à la construction des indicateurs, une autre question se pose : Chaque échelle doit-elle être utilisée comme indicateur ? Ou un indicateur doit-il être constitué de différentes échelles ? Plutôt que de répondre à ces questions, nous préférons proposer des exemples des multiples formules envisageables. Autre question connexe abordée dans le présent chapitre : Comment ce ou ces indicateurs peuvent-ils être (re)présentés ?

DOMAINES, DIMENSIONS ET INDICATEURS

Nous sommes, dans ce rapport, partis de l'idée que les domaines de CCC pouvaient être clairement séparés les uns des autres et que, dans un domaine donné, on pouvait distinguer différentes dimensions. Nous avons donc cherché à élaborer plusieurs indicateurs se rapportant chacun à une dimension dans chacun des domaines. Un exemple inspiré du projet INES peut être utile pour clarifier ces distinctions. Dans le domaine de la réussite scolaire, trois dimensions ont été discernées : les sciences, les mathématiques et la lecture. Les indicateurs publiés dans *Regards sur l'éducation* sont en principe tous fondés sur ces trois dimensions, encore qu'avec des ventilations par groupe d'âge ou par sexe notamment.

Une autre manière de construire des indicateurs consiste à fusionner les diverses dimensions en un indicateur composite pour un domaine[9]. Cet indicateur composite, de réussite scolaire dans notre exemple, comprend alors inévitablement plusieurs dimensions : la lecture, les sciences et les mathématiques. L'importance accordée aux diverses dimensions peut cependant varier selon les pays : dans certains pays, la lecture peut occuper une place prépondérante dans l'indicateur alors que dans d'autres, les sciences ou les mathématiques auront un rôle de premier plan.

On comprend aisément que, dans un indicateur composite, on peut obtenir les mêmes chiffres à partir de notes différentes affectées à ses composantes, ces notes se neutralisant l'une l'autre. De même, des chiffres différents dans l'indicateur composite peuvent résulter de notes semblables attribuées à certaines de ses parties constituantes. Les différences entre pays ou sous-groupes qui apparaissent quand on effectue des comparaisons sur la base de vastes indicateurs composites peuvent, en l'occurrence, être provoquées par quelques éléments seulement de l'indicateur composite, alors que d'autres éléments sont en fait exactement les mêmes. On peut alors s'interroger sur l'utilité de ce type d'indicateur, en particulier lorsque l'information sur les indicateurs séparés est disponible.

L'idée d'utiliser des indicateurs composites peut malgré tout être attrayante lorsqu'on essaie de trouver un équilibre entre le détail et l'abstraction. On peut ainsi limiter le nombre d'indicateurs généraux (composites) tout en étant en mesure, le cas échéant, d'obtenir des informations plus spécifiques en décomposant les indicateurs en leurs différentes dimensions. La construction de ces indicateurs composites peut s'appuyer sur des arguments théoriques et pratiques. En théorie, il peut être utile de grouper des échelles en une échelle composite si on se réfère à un même concept général. En pratique, les décideurs préféreront peut-être quelques indicateurs plus larges à de nombreuses échelles spécifiques détaillées. Il s'agit là d'une question fondamentale dans la construction d'indicateurs. Le débat sur l'utilité des indicateurs composites et sur l'intérêt qu'ils présentent pour l'élaboration de la politique en général sort du cadre de l'étude pilote examinée dans le présent rapport. Il serait toutefois opportun d'analyser les avantages et les inconvénients des indicateurs composites dans le contexte plus large du projet INES.

PRÉSENTATION DES INDICATEURS DE CCC

Pour en revenir au point de départ du projet sur les CCC, l'idée était que les compétences transdisciplinaires se composent de différents éléments, mais que ces éléments sont aussi liés les uns aux autres (voir aussi le chapitre 2). La présentation visuelle des indicateurs de CCC doit être en accord avec cette idée. L'objectif premier est donc de faire apparaître les différentes dimensions. Le deuxième est de faire en sorte que les indicateurs tiennent compte de l'interrelation des dimensions et des domaines qui, pris dans leur ensemble, constituent les CCC. Le troisième est de construire des indicateurs clairs et faciles à interpréter.

Les exemples d'indicateurs de CCC proposés dans ce chapitre tentent diversement de trouver le juste milieu entre les objectifs précités. Ce sont d'abord et avant tout des suggestions qui seront peut-être utiles en vue d'une utilisation future. C'est pourquoi on ne cherche pas à ce stade à présenter des variations de ces exemples de base. Mais il serait possible pour chacun d'eux de faire des comparaisons entre les pays, des comparaisons entre les sous-groupes d'un même pays et – si on le souhaite – des comparaisons avec un profil « idéal » ou « acceptable » (quelle que soit la manière dont il est défini – la question n'est pas abordée ici).

Comme notre but est surtout de présenter des exemples, il importe peu que nous utilisions des données réelles ou fictives. Les données réelles sont moins indiquées étant donné la façon dont les échantillons ont été construits. Comparer des moyennes pour des échantillons censés inclure la gamme d'élèves la plus large possible risque en effet de conduire à une sous-estimation des différences réelles. Nous utilisons par conséquent des chiffres fictifs pour toutes les mesures.

Le premier exemple d'indicateur de CCC est simplement basé sur une mesure dont la moyenne est calculée pour les divers pays. Un exemple fictif d'indicateur de connaissances est présenté ; il est possible d'indiquer un minimum sur l'échelle (figure 2).

◆ Figure 2. **Notes globales pour les items de connaissances**
Données fictives

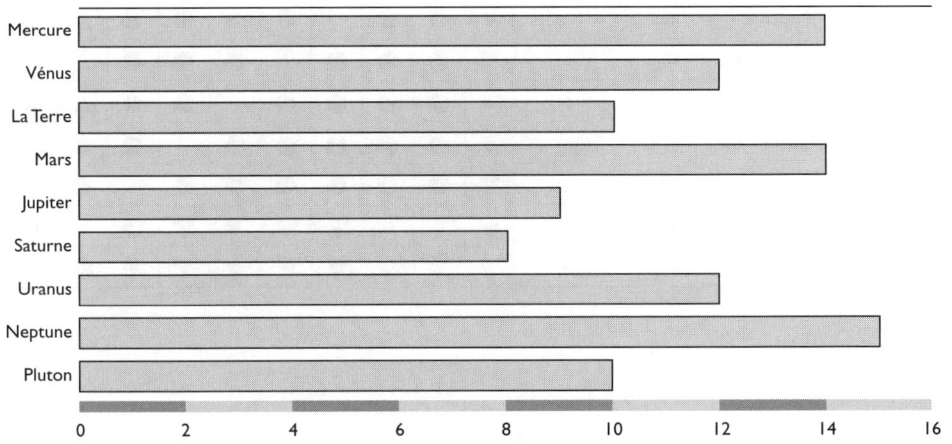

Source : Auteur pour l'OCDE.

On peut utiliser, outre le graphique à barres, le graphique de comparaisons multiples, déjà employé dans *Regards sur l'éducation*. Ce type de graphique permet d'effectuer des comparaisons entre les pays en termes de signification statistique (figure 3).

◆ Figure 3. **Comparaison des résultats généraux en sciences, élèves de 13 ans (1991)**

▼ Moyenne inférieure à celle du pays de référence

▲ Moyenne supérieure à celle du pays de référence

● Pas de différence statistiquement significative avec le pays de référence

	Moyenne	Erreur-type	Suisse (15 cantons)	Émilie-Romagne (Italie)	Canada	Angleterre	France	Écosse	Espagne (sans la Catalogne)	États-Unis	Irlande	Portugal
Suisse (15 cantons)	73.7	(0.9)		▲	▲	▲	▲	▲	▲	▲	▲	▲
Émilie-Romagne (Italie)	69.9	(0.7)	▼		●	●	●	●	●	●	▲	▲
Canada	68.8	(0.4)	▼	●		●	●	●	●	●	▲	▲
Angleterre	68.7	(1.2)	▼	●	●		●	●	●	●	▲	▲
France	68.6	(0.6)	▼	●	●	●		●	●	●	▲	▲
Écosse	67.9	(0.6)	▼	●	●	●	●		●	●	▲	▲
Espagne (sans la Catalogne)	67.6	(0.8)	▼	●	●	●	●	●		●	▲	▲
États-Unis	67.0	(1.0)	▼	●	●	●	●	●	●		●	▲
Irlande	63.3	(0.6)	▼	▼	▼	▼	▼	▼	▼	●		●
Portugal	62.6	(0.8)	▼	▼	▼	▼	▼	▼	▼	▼	●	

Source : OCDE (1993).

Les comparaisons fondées sur une seule mesure rendent peu justice à l'interrelation des dimensions et des domaines qui, conjointement, constituent les CCC. L'exemple suivant, qui intègre deux échelles différentes dans un graphique à points, tente de surmonter quelque peu cette objection (figure 4).

Si l'on souhaite montrer plus clairement l'interrelation des mesures, on peut envisager d'utiliser un graphique en toile d'araignée (figure 5). Le nombre d'axes peut varier selon le nombre de dimensions à incorporer. Comme ces graphiques sont moins courants, il serait peut-être bon de faciliter la comparaison visuelle. Une façon de procéder est de créer une base de comparaison de forme régulière, par

◆ Figure 4. **Notes moyennes d'effort et de persévérance**
Données fictives

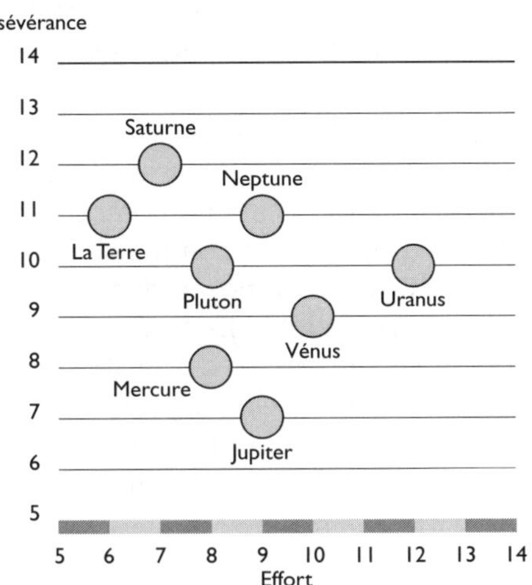

Source : Auteur pour l'OCDE.

◆ Figure 5. **Quatre domaines de CCC**
Graphique en toile d'araignée – données fictives

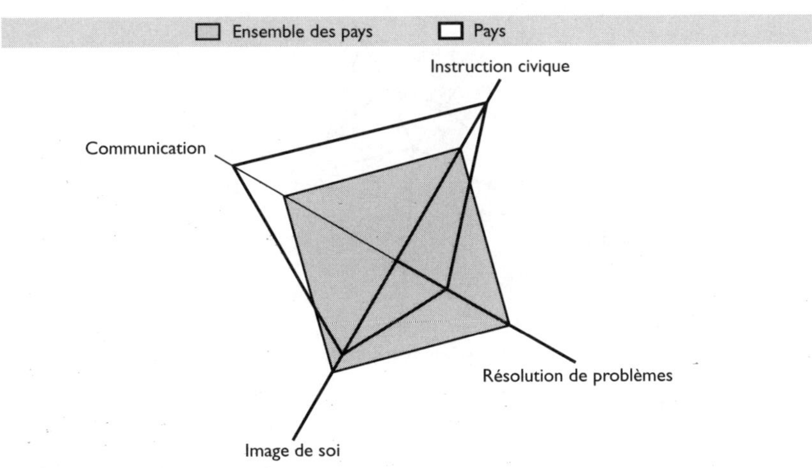

Source : Auteur pour l'OCDE.

exemple, un carré, un pentagone ou un hexagone. Cette forme peut représenter une moyenne internationale ou un profil « idéal ». De plus, la longueur de chaque axe peut être ajustée de sorte que les distances peuvent être interprétées comme des effets standards (*effects sizes*). Le tracé du graphique peut donc être adapté pour en faciliter l'interprétation.

Si on utilise des indicateurs composites, ces graphiques en toile d'araignée peuvent être très utiles en ce sens qu'ils donnent une image visuelle de la décomposition d'indicateurs généraux. Les indicateurs composites peuvent être utilisés dans un graphique avec d'autres domaines, comme dans la figure 5. Par la suite, chaque mesure composite peut être décomposée dans un autre graphique en toile d'araignée pour apporter plus de précisions. La figure 6 en donne un exemple pour le domaine de la politique, de l'économie et de l'instruction civique. Les échelles élaborées au chapitre 4 sont devenues les cinq axes de la toile. Une forme régulière, ici un pentagone, est à nouveau utilisée pour faciliter la comparaison ; elle peut se rapporter à une moyenne internationale, mais aussi à un niveau « idéal » des différentes mesures.

◆ Figure 6. ***Indicateur décomposé d'instruction civique***
Graphique en toile d'araignée – données fictives

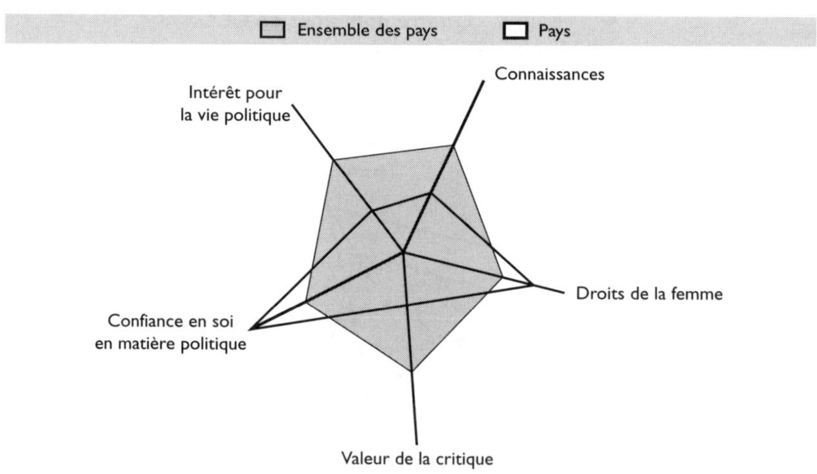

Source : Auteur pour l'OCDE.

CONCLUSIONS ET PERSPECTIVES D'AVENIR

CONCLUSIONS

Le présent rapport porte essentiellement sur l'élaboration d'indicateurs internationaux de compétences transdisciplinaires. Il s'inspire de Trier (1991) et de Trier et Peschar (1995), qui ont avancé l'idée d'une « trousse de survie ». Trier a posé la question suivante : « De quelles compétences les jeunes adultes arrivés en fin de scolarité ont-ils besoin pour être capables de jouer un rôle constructif dans la société en tant que citoyen ? ».

Au cours de débats antérieurs concernant le projet INES de l'OCDE, il a été convenu de creuser ces aspects et de mettre au point des indicateurs de compétences dites transdisciplinaires. La recherche porte par conséquent principalement sur l'identification des domaines pertinents et sur la conception d'outils et d'indicateurs ayant trait aux connaissances et aux aptitudes requises pour pouvoir fonctionner en société.

Trier et Peschar (1995) formulent plusieurs questions :

- Les CCC font-elles partie intégrante des objectifs éducatifs des pays de l'OCDE ?
- Si les CCC sont identifiées, y a-t-il assez d'éléments communs pour permettre les comparaisons ? Quelles dimensions semblent pertinentes ?
- Dispose-t-on d'instruments pour élaborer les indicateurs ?

Ce rapport traite de la troisième question. Après avoir effectué des recherches bibliographiques approfondies et tenté de trouver des instruments, on s'est rendu compte qu'il n'existait pas d'outils à la fois complets et normalisés. On a donc commandé une étude pilote dont l'objectif était d'abord, d'étudier la possibilité de mettre au point des instruments dans quatre domaines et ensuite, d'évaluer la qualité des instruments à des fins de comparaisons. Elle devait, en outre, montrer comment on pourrait obtenir des indicateurs à partir de cette information. Les noms des neuf pays et communautés ayant participé à l'étude ont été camouflés sous les noms des planètes afin d'éviter toute comparaison directe involontaire sur la base d'échantillons non représentatifs.

Voici les principales conclusions qui se dégagent de cette entreprise « extra-terrestre » :

- Il semble possible d'élaborer des instruments de bonne, voire d'excellente, qualité dans deux domaines sur quatre : politique, économie et instruction civique et image de soi/perception de soi. Ces instruments ont été spécialement adaptés ou conçus pour le projet sur les CCC ; leur haute qualité s'est maintenue de pays à pays.

  Le calendrier était très serré, en particulier parce que de nombreux tests se sont déroulés dans des classes où les élèves préparaient les examens finals. Plus de difficultés que prévu ont surgi pendant la construction des instruments, le travail sur le terrain et les analyses, mais en apportant certains remaniements, on est arrivé à obtenir des résultats très satisfaisants. Vu l'état actuel des connaissances – voir les remarques sur l'absence d'instruments internationaux standardisés –, il s'agit d'un succès assez remarquable.
- Les instruments permettent la mise au point d'indicateurs de CCC. Si on choisit un instrument par domaine, les notes moyennes par pays peuvent être comparées à l'aide de graphiques dits en toile d'araignée, qui donnent un profil visuel des quatre domaines de CCC pour chaque pays. Si on compare les profils des pays, l'importance relative des domaines devient visible. Les profils peuvent aussi être ventilés selon diverses catégories comme le sexe, le type d'école, le niveau scolaire, le type d'enseignement (public ou privé) ou la région géographique. Le développement d'indicateurs de CCC au fil du temps demeure bien entendu une question très intéressante.
- L'étude a montré qu'il est possible, avec un nombre limité de domaines, de détecter le profil de la « performance » des pays en matière de CCC, ce qui nous conduit à une question essentielle : Quels sont les domaines pertinents ? Comme nous l'avons dit plus haut, le choix des domaines a en partie été dicté par la recherche des instruments existants et l'examen de la documentation spécialisée. Il faut donc encourager les travaux de nature théorique et conceptuelle.

  De plus, le champ des indicateurs de CCC peut être élargi. L'inclusion d'indicateurs de risque ou d'indicateurs de processus concernant la qualité de la scolarité peut ainsi être (ré)envisagée. Les indicateurs de risque pourraient porter sur des sujets tels que les comportements déviants, les comportements agressifs ou la toxicomanie. Les indicateurs de processus illustreraient la qualité de la vie quotidienne à l'école, le comportement des enseignants ou l'éducation morale[10].

  En même temps, la nature nettement empirique de cette étude pilote doit aussi en être considérée comme le point fort : si on n'avait pas réalisé d'étude de faisabilité dans neuf pays et communautés, nous en serions encore à nous demander s'il est possible de mesurer certaines propriétés et de construire des indicateurs. Nous avons réglé cette question de manière satisfaisante, tout en nous rendant compte qu'il y a place pour l'amélioration.

– Cette remarque nous amène aux points faibles de l'entreprise. Bien que le degré de standardisation des procédures et des méthodes adoptées soit acceptable pour une étude pilote, il faudra insister bien davantage sur cet aspect à l'avenir. Il faudra résoudre l'éternel dilemme de l'âge ou de la classe : Évaluons-nous les élèves d'une certaine classe, à la fin de la scolarité obligatoire ou à un certain âge ? D'autres dilemmes se posent également : Faut-il opter pour une approche centrée dans le milieu scolaire ou pour des enquêtes réalisées auprès des ménages ? Ce n'est pas seulement un problème de budget mais aussi de point de référence. Si on effectue une recherche dans les écoles, il est facile de se rapporter aux compétences scolaires. Dans les enquêtes auprès des ménages, on risque de se référer davantage aux compétences nécessaires dans la « vie réelle » et à la question du rôle de l'école dans l'acquisition de ces compétences. Il s'agit là d'un point essentiel qui devra sans nul doute être examiné dans les détails.

On peut enfin formuler une série de recommandations à l'issue de cette étude pilote. Certaines d'entre elles sont exposées dans la section suivante. Il suffit pour l'heure de conclure que l'étude a rempli sa mission. La question posée était la suivante : Peut-on montrer qu'il est possible de progresser dans le secteur des indicateurs internationaux de l'enseignement ? Grâce aux efforts déployés par les nombreux participants aux travaux, la réponse est affirmative.

PERSPECTIVES D'AVENIR

Lors de l'Assemblée générale du projet INES, réunie à Lahti (Finlande) en été 1995, les délégués de vingt-cinq pays de l'OCDE ont examiné le système d'indicateurs de l'enseignement en vigueur. Après avoir approuvé les activités en cours, ils ont demandé expressément que soit élargi le champ des indicateurs de résultats des systèmes éducatifs, le principal argument semblant être que jusque-là, on s'était trop attaché – quoique pour des motifs évidents et compréhensibles – aux aspects cognitifs de l'enseignement. La nécessité d'élaborer des indicateurs sur ses aspects non cognitifs a fait l'objet d'un accord unanime.

Bien qu'elles ne soient pas identiques au concept de compétences transdisciplinaires, les dimensions non cognitives de l'enseignement recoupent les CCC à bien des égards, la chose est claire. Le présent rapport montre qu'il peut être bénéfique d'investir dans le développement de ce secteur puisque les écoles « produisent » des résultats à la fois cognitifs et non cognitifs importants pour la vie des adultes. Si des comparaisons internationales sont effectuées dans ces deux domaines, notre connaissance des caractéristiques des systèmes éducatifs s'en trouvera améliorée.

Le scepticisme considérable qui a entouré le projet sur les CCC à ses débuts fait place peu à peu à plus d'enthousiasme. Plus de quinze pays, parmi lesquels de nombreuses nations d'Europe occidentale, le Canada, la Hongrie, la République tchèque et la Russie, reconnaissent désormais la nécessité d'améliorer les instruments et de conduire des études pilotes de portée restreinte. Cette évolution n'est imputable qu'en partie aux résultats prometteurs de cette première étude. Bien plus important est le fait qu'aux yeux d'un nombre croissant de spécialistes, les travaux doivent se poursuivre parce qu'ils estiment que tout système d'indicateurs de l'enseignement doit nécessairement comporter des indicateurs de compétences transdisciplinaires.

En fait, la plus récente stratégie de collecte de données de l'OCDE pour les indicateurs de l'enseignement prévoit déjà l'élaboration d'indicateurs de CCC. Dans l'hypothèse où l'étude pilote serait réussie, une collecte régulière de données sur les CCC a été programmée pour 1997. Si l'on peut voir dans cette décision un hommage aux personnes participant à la construction des indicateurs de CCC, elle est néanmoins aussi un peu hâtive car plusieurs questions doivent être réglées avant qu'on ne puisse recueillir les données de façon régulière. L'étape principale à franchir avant la mise en place d'une activité de ce type est la réalisation, dans tous les pays participants, d'une étude pilote portant sur des échantillons représentatifs nationaux.

Plusieurs questions devront être résolues avant d'entreprendre toute étude pilote de cette nature, y compris les suivantes :

- Les instruments dont nous disposons aujourd'hui doivent être calibrés et normalisés sur la base d'un échantillon national. Des analyses complémentaires doivent être effectuées afin de choisir les tests les plus efficaces, qui allient la qualité la meilleure à la durée d'administration la plus courte. Il faut de plus standardiser la présentation des instruments et le nombre de catégories de réponse.
- En dépit d'une certaine euphorie, l'élaboration des instruments exige encore un travail considérable. N'oublions pas que nous ne possédons pas à ce jour d'instruments satisfaisants pour les domaines de la résolution de problèmes et de la communication. Il sera peut-être nécessaire d'en tester plusieurs avant d'arrêter un choix définitif.

  En ce qui concerne le domaine de la résolution de problème, nous ne sommes pas vraiment en mesure de conclure, à partir des enseignements que nous pouvons tirer de la tâche « Projet d'excursion », qu'un exercice de cette nature permet effectivement de mesurer les compétences des élèves dans le domaine. Si on parvient à élaborer une tâche similaire appropriée, il faudra prendre en considération quelques aspects très pratiques car ce type d'exercice demande beaucoup de temps, et le codage est extensif et exige un degré élevé de normalisation. Si par ailleurs on conserve les questions ouvertes et le codage holistique, il faudra organiser des séances de formation internationales.

- Il faut envisager d'examiner attentivement les instruments de l'Enquête internationale sur l'alphabétisation des adultes (EIAA) de 1995 (voir aussi OCDE et Statistique Canada, 1995). En ce qui concerne le domaine de la résolution de problèmes en particulier, il semble en effet que plusieurs instruments et items utilisés dans l'EIAA et dans la tâche de l'étude sur les CCC se recoupent largement. Comme aucun concept n'est applicable d'une seule manière et qu'inversement, aucune application ne se réfère à un seul concept uniquement, il peut être bon d'étudier l'EIAA comme source possible d'instruments. Un autre avantage de l'EIAA est la haute qualité des instruments employés (échelle IRT) et le fait qu'ils appartiennent au domaine public.
- Il faut élaborer un plan d'échantillonnage et le mettre à l'essai. A supposer qu'un programme d'indicateurs porte en grande partie sur les différences entre pays pour un nombre limité de ventilations, il pourrait être envisageable d'établir des échantillons relativement restreints. Les habitudes des pays étant très différentes en ce qui concerne la construction d'échantillons d'écoles, il est conseillé de tester attentivement cette phase.
- Les modalités de travail sur le terrain doivent être entièrement uniformisées. Les différences de résultats entre les pays ne peuvent être imputables à des différences de procédures, de traduction ou de formulation des items, au laps de temps disponible ou aux méthodes de codage.
- Il faudra peut-être beaucoup de temps pour découvrir si les collectes de données sur les CCC peuvent coïncider avec des collectes de données établies ou prévues dans les écoles. Comme le temps est limité, il faut éviter de répéter les mêmes questions dans différentes enquêtes et d'occuper à l'excès le temps consacré aux tests durant une période donnée.
- Conformément aux recommandations du projet INES de l'OCDE sur la normalisation des collectes et des analyses de données, il peut être judicieux de normaliser les archives de données et d'organiser l'accès aux données par le canal de l'OCDE. Il sera possible, à partir de l'étude des échantillons représentatifs nationaux, d'arriver à évaluer correctement le temps et les ressources financières nécessaires.
- Dans une étude pilote nationale, il faut tester toutes les procédures et procéder à un essai général incluant l'établissement des échantillons, les analyses et la rédaction des comptes rendus. Ce type d'étude pilote à grande échelle donne une ultime occasion de régler les derniers détails avant

d'entreprendre les collectes de données de façon régulière. Il faut en effet éviter de devoir procéder à des ajustements ultérieurs qui réduisent la comparabilité des données au fil du temps. Une gestion de projet énergique s'impose à cet égard.

– Un nombre limité de pays (ou de planètes) ont assumé la « charge » de la présente étude, ce qui a présenté des avantages mais aussi des inconvénients. Le principal avantage est que les pays étaient très déterminés, du fait qu'ils avaient tenu compte de leurs besoins et de leurs limitations dans l'étude. Cette situation s'est avérée très bénéfique puisqu'aucun problème sérieux n'est survenu par la suite. Deux planètes sont entrées dans le système solaire à une étape ultérieure, ce qui a suscité un certain nombre de difficultés mineures. Beaucoup de ces difficultés auraient pu être évitées si ces pays avaient été présents dès le début des travaux.

  Aussi recommandons-nous fermement que tous les pays prévoyant de participer aux activités futures sur les indicateurs de CCC prennent part aux phases préparatoires de l'étude.

– Il est nécessaire d'examiner les incidences budgétaires des travaux à leur stade initial, ce qui ne peut se faire que sur la base d'une étude se rapprochant étroitement des activités futures prévues. De plus, il ne faut pas oublier qu'il faut du temps pour intégrer des collectes de données régulières dans les budgets ordinaires.

Ces recommandations sont fondées sur l'idée originale qu'un jour, des indicateurs de CCC seront régulièrement assemblés selon des normes scientifiques, dans une série de pays. La comparaison des profils de CCC qui seront alors élaborés permettra aux divers pays de tirer des enseignements de leurs expériences respectives et contribuera à inculquer aux élèves et aux jeunes adultes les connaissances et les compétences qui leur seront nécessaires pour jouer un rôle constructif dans la société de demain.

NOTES

1. On trouvera dans l'appendice 2, p. 88, un aperçu général des réunions qui ont eu lieu concernant les activités liées aux CCC.
2. Nous avons soigneusement évité de choisir des instruments ou des items qui n'étaient pas disponibles dans le domaine public.
3. Beaucoup d'items ont été reformulés ou adaptés à partir d'instruments existants. Nous remercions les membres du Réseau A et d'autres collègues de nous avoir aidés à formuler les items de manière à les adapter à la plupart des milieux. Il est impossible de mentionner ici tous leurs noms, pas plus d'ailleurs que toutes les sources originales de ce processus.
4. Le professeur Judith Torney-Purta, conseillère externe, a joué un rôle très utile, en particulier dans ce domaine. Sa contribution a permis de mener à bien cette partie du projet. Bon nombre des items utilisés ici sont empruntés au premier projet sur l'instruction civique conduit par l'IEA (Torney *et. al.*, 1995) et seront probablement employés dans le deuxième projet que mène actuellement l'Association sur le même sujet et qui se poursuivra jusqu'en l'an 2000 (Torney-Purta, 1996).
5. Le professeur Helmut Fend, conseiller externe, a été pour beaucoup dans la réalisation de cette partie du projet.
6. On peut améliorer et peaufiner les instruments de deux façons. On peut en premier lieu inclure des instruments plus larges dans de nouvelles enquêtes sur le terrain et inventorier les items qui donnent de bons résultats. Mais cette stratégie exige à la fois du temps et des ressources.

   On peut en second lieu se servir d'analyses auxiliaires portant sur des ensembles de données existants. Certains pays peuvent ne pas être en mesure d'appliquer cette stratégie, qui peut en revanche s'avérer très pratique dans d'autres. En Suisse (Université de Zurich, professeur Helmut Fend) par exemple, on dispose d'ensembles de données à grande échelle, établis sur plusieurs années (1990, 1992 et 1995), qui contiennent des instruments complets dans le domaine de la perception de soi/image de soi. Ne pas se servir de ces sources exceptionnelles pour améliorer les instruments serait un gaspillage de temps et de compétences.
7. M. Douglas Hodgkinson, représentant du Canada au Réseau A, et M. Eugene Owen, représentant des États-Unis au Réseau A et président du réseau, ont permis de mener à bien cette partie du projet.

8. La question intitulée « La course » (voir chapitre 3) a aussi été incorporée pour évaluer les compétences en matière de résolution de problèmes. Mais comme une seule variable a été obtenue et que les modalités de codage ont différé très sensiblement selon les pays, nous ne communiquons pas ici les résultats des analyses.

9. Au cours de l'étude pilote, il a été proposé d'élaborer deux indicateurs composites dans le domaine 3 (perception de soi/image de soi) : l'un, appelé confiance en soi, serait composé en fusionnant les sous-échelles établies pour l'anxiété (le manque d'anxiété) devant les tests, l'acceptation de soi, les orientations futures et la perception des aptitudes scolaires ; l'autre, appelé besoin de réussite, se composerait des sous-échelles relatives à la persévérance et à l'effort. Les analyses qui ont fait suite à ces propositions montrent que les deux indicateurs composites ont des coefficients de fidélité élevés (oscillant entre 0.72 et 0.82 pour la confiance en soi et entre 0.75 et 0.85 pour le besoin de réussite).

Les analyses factorielles de chacune des mesures composites ont révélé de surcroît que les facteurs ressemblent aux sous-échelles qui les constituent de façon (presque) parfaite et uniforme dans tous les pays. Les notes globales des sous-échelles ne font apparaître que de modestes corrélations : entre 0.1 et 0.4 pour l'indicateur composite sur la confiance en soi et entre 0.4 et 0.6 pour l'indicateur composite sur le besoin de réussite. Les sous-échelles se rapportent donc effectivement à des dimensions différentes, et ces dimensions se retrouvent régulièrement de pays à pays. L'interprétation d'indicateurs fondés sur ces différentes dimensions ne devrait donc pas causer de problèmes. Comme on l'a déjà remarqué, la construction d'un indicateur composite alliant des éléments aussi distincts peut créer des difficultés au lieu d'apporter plus de clarté.

10. Ces indicateurs étaient inclus dans l'étude pilote suisse ; il peut donc être utile de pousser plus loin cette expérience.

RÉFÉRENCES

BELLACK, A.S. et M. HERSEN (éd.) (1979), *Research and Practice in Social Skills Training*, Plenum Press, New York/Londres.

BOTTANI, N. et A. TUIJNMAN (1994), «Les indicateurs internationaux de l'enseignement : cadre, élaboration, interprétation», *Évaluer l'enseignement : de l'utilité des indicateurs internationaux*, OCDE, Paris.

BROADFOOT, P. (1994), «Les résultats de l'enseignement», *Évaluer l'enseignement : de l'utilité des indicateurs internationaux*, OCDE, Paris.

CHALKER, D.M. et R.M. HAYNES (1994), *World Class Schools. New Standards for Education*, Technomic, Lancaster, Pennsylvanie.

DARLING-HAMMOND, L. (1994), «Policy uses and indicators», *Évaluer l'enseignement : de l'utilité des indicateurs internationaux*, OCDE, Paris.

DEBETS, P. et E. BROUWER (1989), *MPS. A Program for Mokken Scale Analysis for Polychotomous Items*, ProGAMMA, Groningue.

ECKSTEIN, M.A. et H.J. NOAH (éd.) (1992), *Examinations: Comparative and International Studies*, Pergamon Press, Oxford.

ECKSTEIN, M.A. et H.J. NOAH (1993), *Secondary School Examinations. International Perspectives on Policies and Practice*, Yale University Press, New Haven/Londres.

Education Daily, 22 février 1995.

EDWARDS, L., P. MUNN et K. FOGELMAN (éd.) (1994), *Education for Democratic Citizenship in Europe. New Challenges for Secondary Education*, UNESCO/Swetz & Zeitlinger, Lisse.

EGGEN-KNUTSEN, A. (1995), «L'étude GOALS : analyse et incidences», *Mesurer les résultats scolaires*, OCDE, Paris.

FEND, H. (1995), «Les théories de la personnalité et les processus dynamiques : incidences pour les indicateurs qualitatifs de l'enseignement», *Mesurer les résultats scolaires*, OCDE, Paris.

GRANHEIM, M. et S. PETTERSSON (1995), «Le choix des objectifs et leur réalisation dans les systèmes d'enseignement», *Mesurer les résultats scolaires*, OCDE, Paris.

HALMAN, L. (1995), «Mesurer et comparer les valeurs démocratiques», *Mesurer les résultats scolaires*, OCDE, Paris.

HIRSCH, D. (1994), *L'école : une affaire de choix*, OCDE, Paris.

HODGKINSON, G.D. et M. CRAWFORD (1995), « Les techniques de résolution des problèmes de communication dans la préparation à la vie réelle », *Mesurer les résultats scolaires*, OCDE, Paris.

HOLLIN, C.R. et P. TROWER (éd.) (1986), *Handbook of Social Skills Training. Applications Across the Life Span*, Pergamon Press, Oxford.

HOLMES, M. (1992), *Educational Policy for the Pluralist Democracy. The Common School, Choice and Diversity*, The Falmer Press, Bristol/Londres.

Information et innovation en éducation, décembre 1994.

McMULLEN, T. (1978), *L'innovation dans l'enseignement secondaire. Le premier cycle de l'enseignement secondaire : problèmes et perspectives*, OCDE, Paris.

MICHEL, A. et J. MACBEATH (1995), « Un cadre théorique : la justification des indicateurs d'attitude », *Le dernier cycle de l'enseignement obligatoire : quelle attente ?*, OCDE, Paris.

OAKES, J. (1989), « What educational indicators? The case for assessing the school context », *Educational Evaluation and Policy Analysis*, vol. 11:2, pp. 181-199.

OCDE (1973), *Les indicateurs de résultats des systèmes d'enseignement*, Paris.

OCDE (1989), *L'éducation et l'économie dans une société en mutation*, Paris.

OCDE (1992*a*), *Une éducation et une formation de qualité pour tous*, Paris.

OCDE (1992*b*), *L'OCDE et les indicateurs internationaux de l'enseignement. Un cadre d'analyse*, Paris.

OCDE (1993), *Regards sur l'éducation. Les indicateurs de l'OCDE*, Paris.

OCDE (1994*a*), *Évaluer l'enseignement : de l'utilité des indicateurs internationaux*, Paris.

OCDE (1994*b*), *Redéfinir le curriculum : un enseignement pour le XXI*[e] *siècle*, Paris.

OCDE (1995*a*), *Regards sur l'éducation. Les indicateurs de l'OCDE*, Paris.

OCDE (1995*b*), *Mesurer la qualité des établissements scolaires*, Paris.

OCDE (1995*c*), *Mesurer les résultats scolaires*, Paris.

OCDE (1995*d*), *Le dernier cycle de l'enseignement obligatoire : quelle attente ?*, Paris.

OCDE (1995e), *Gros plan sur les écoles*, Paris.

OCDE (1996), *Apprendre à tout âge*, Paris.

OCDE et Statistique Canada (1995), *Littératie, Économie et Société – Résultats de la première enquête internationale sur l'alphabétisation des adultes*, Paris et Ottawa.

OWEN, E., G.D. HODGKINSON et A. TUIJNMAN (1995), « Vers une approche stratégique pour développer les indicateurs internationaux de réussite scolaire », *Mesurer les résultats scolaires*, OCDE, Paris.

PAPADOPOULOS, G.S. (1994), *L'OCDE face à l'éducation 1960-1990*, OCDE, Paris.

PESCHAR, J.L. (1993*a*), « Educational goals, the curriculum and non-curriculum bound objectives in OECD countries », étude récapitulative préparée en vue de la réunion du Réseau A du projet INES de l'OCDE sur les indicateurs de l'enseignement, Vilamoura, Portugal.

PESCHAR, J.L. (1993*b*), «Prepared for real-life. Establishing indicators for non-curriculum bound indicators (NOBS) in a comparative setting», proposition de projet, Vilamoura, Portugal.

PHILLIPS, G.W. (1993), «Standards for international indicator data», proposition destinée à la réunion du Réseau A à Vilamoura, Portugal.

ROBINSON, J.P., P.R. SHAVER et L.S. WRIGHTSMAN (1991), *Measures of Personality and Social Psychological Attitudes*, Academic Press, San Diego.

ROSENBERG, M. (1965), *Society and the Adolescent Self-Image*, Princeton University Press, Princeton, New York.

TORNEY, J., A.N. OPPENHEIM et R.F. FARNEN (1975), *Civic Education in Ten Countries: An Empirical Study*, Alsted Press (John Wiley), New York.

TORNEY-PURTA, J. (1994), «The monitoring of affective outcomes», dans A. Tuijnman et T.N. Postlethwaite (éd.), *Monitoring the Standards of Education*, Pergamon, Oxford, pp. 151-169.

TORNEY-PURTA, J. (1996), *Civic Education: Proposal for Phase 2 (Revised)*, College Park, MD IEA Coordinating Center, Institute for Child Study.

TRIER, U.P. (1991), «Non-curriculum bound outcomes», proposition présentée à la réunion du Réseau A du projet INES de l'OCDE sur les indicateurs de l'enseignement, Paris.

TRIER, U.P. et J.L. PESCHAR (1995), «Les compétences transdisciplinaires : raison d'être et stratégie de mise au point d'un nouvel indicateur», *Mesurer les résultats scolaires*, OCDE, Paris.

MAIN SALES OUTLETS OF OECD PUBLICATIONS
PRINCIPAUX POINTS DE VENTE DES PUBLICATIONS DE L'OCDE

AUSTRALIA – AUSTRALIE
D.A. Information Services
648 Whitehorse Road, P.O.B 163
Mitcham, Victoria 3132 Tel. (03) 9210.7777
Fax: (03) 9210.7788

AUSTRIA – AUTRICHE
Gerold & Co.
Graben 31
Wien I Tel. (0222) 533.50.14
Fax: (0222) 512.47.31.29

BELGIUM – BELGIQUE
Jean De Lannoy
Avenue du Roi, Koningslaan 202
B-1060 Bruxelles Tel. (02) 538.51.69/538.08.41
Fax: (02) 538.08.41

CANADA
Renouf Publishing Company Ltd.
5369 Canotek Road
Unit 1
Ottawa, Ont. K1J 9J3 Tel. (613) 745.2665
Fax: (613) 745.7660

Stores:
71 1/2 Sparks Street
Ottawa, Ont. K1P 5R1 Tel. (613) 238.8985
Fax: (613) 238.6041

12 Adelaide Street West
Toronto, QN M5H 1L6 Tel. (416) 363.3171
Fax: (416) 363.5963

Les Éditions La Liberté Inc.
3020 Chemin Sainte-Foy
Sainte-Foy, PQ G1X 3V6 Tel. (418) 658.3763
Fax: (418) 658.3763

Federal Publications Inc.
165 University Avenue, Suite 701
Toronto, ON M5H 3B8 Tel. (416) 860.1611
Fax: (416) 860.1608

Les Publications Fédérales
1185 Université
Montréal, QC H3B 3A7 Tel. (514) 954.1633
Fax: (514) 954.1635

CHINA – CHINE
Book Dept., China Natinal Publiations
Import and Export Corporation (CNPIEC)
16 Gongti E. Road, Chaoyang District
Beijing 100020 Tel. (10) 6506-6688 Ext. 8402
(10) 6506-3101

CHINESE TAIPEI – TAIPEI CHINOIS
Good Faith Worldwide Int'l. Co. Ltd.
9th Floor, No. 118, Sec. 2
Chung Hsiao E. Road
Taipei Tel. (02) 391.7396/391.7397
Fax: (02) 394.9176

CZECH REPUBLIC – RÉPUBLIQUE TCHÈQUE
National Information Centre
NIS – prodejna
Konviktská 5
Praha 1 – 113 57 Tel. (02) 24.23.09.07
Fax: (02) 24.22.94.33
E-mail: nkposp@dec.niz.cz
Internet: http://www.nis.cz

DENMARK – DANEMARK
Munksgaard Book and Subscription Service
35, Nørre Søgade, P.O. Box 2148
DK-1016 København K Tel. (33) 12.85.70
Fax: (33) 12.93.87

J. H. Schultz Information A/S,
Herstedvang 12,
DK – 2620 Albertslung Tel. 43 63 23 00
Fax: 43 63 19 69
Internet: s-info@inet.uni-c.dk

EGYPT – ÉGYPTE
The Middle East Observer
41 Sherif Street
Cairo Tel. (2) 392.6919
Fax: (2) 360.6804

FINLAND – FINLANDE
Akateeminen Kirjakauppa
Keskuskatu 1, P.O. Box 128
00100 Helsinki

Subscription Services/Agence d'abonnements :
P.O. Box 23
00100 Helsinki Tel. (358) 9.121.4403
Fax: (358) 9.121.4450

***FRANCE**
OECD/OCDE
Mail Orders/Commandes par correspondance :
2, rue André-Pascal
75775 Paris Cedex 16 Tel. 33 (0)1.45.24.82.00
Fax: 33 (0)1.49.10.42.76
Telex: 640048 OCDE
Internet: Compte.PUBSINQ@oecd.org

Orders via Minitel, France only/
Commandes par Minitel, France exclusivement : 36 15 OCDE

OECD Bookshop/Librairie de l'OCDE :
33, rue Octave-Feuillet
75016 Paris Tel. 33 (0)1.45.24.81.81
33 (0)1.45.24.81.67

Dawson
B.P. 40
91121 Palaiseau Cedex Tel. 01.89.10.47.00
Fax: 01.64.54.83.26

Documentation Française
29, quai Voltaire
75007 Paris Tel. 01.40.15.70.00

Economica
49, rue Héricart
75015 Paris Tel. 01.45.78.12.92
Fax: 01.45.75.05.67

Gibert Jeune (Droit-Économie)
6, place Saint-Michel
75006 Paris Tel. 01.43.25.91.19

Librairie du Commerce International
10, avenue d'Iéna
75016 Paris Tel. 01.40.73.34.60

Librairie Dunod
Université Paris-Dauphine
Place du Maréchal-de-Lattre-de-Tassigny
75016 Paris Tel. 01.44.05.40.13

Librairie Lavoisier
11, rue Lavoisier
75008 Paris Tel. 01.42.65.39.95

Librairie des Sciences Politiques
30, rue Saint-Guillaume
75007 Paris Tel. 01.45.48.36.02

P.U.F.
49, boulevard Saint-Michel
75005 Paris Tel. 01.43.25.83.40

Librairie de l'Université
12*a*, rue Nazareth
13100 Aix-en-Provence Tel. 04.42.26.18.08

Documentation Française
165, rue Garibaldi
69003 Lyon Tel. 04.78.63.32.23

Librairie Decitre
29, place Bellecour
69002 Lyon Tel. 04.72.40.54.54

Librairie Sauramps
Le Triangle
34967 Montpellier Cedex 2 Tel. 04.67.58.85.15
Fax: 04.67.58.27.36

A la Sorbonne Actual
23, rue de l'Hôtel-des-Postes
06000 Nice Tel. 04.93.13.77.75
Fax: 04.93.80.75.69

GERMANY – ALLEMAGNE
OECD Bonn Centre
August-Bebel-Allee 6
D-53175 Bonn Tel. (0228) 959.120
Fax: (0228) 959.12.17

GREECE – GRÈCE
Librairie Kauffmann
Stadiou 28
10564 Athens Tel. (01) 32.55.321
Fax: (01) 32.30.320

HONG-KONG
Swindon Book Co. Ltd.
Astoria Bldg. 3F
34 Ashley Road, Tsimshatsui
Kowloon, Hong Kong Tel. 2376.2062
Fax: 2376.0685

HUNGARY – HONGRIE
Euro Info Service
Margitsziget, Európa Ház
1138 Budapest Tel. (1) 111.60.61
Fax: (1) 302.50.35
E-mail: euroinfo@mail.matav.hu
Internet: http://www.euroinfo.hu//index.html

ICELAND – ISLANDE
Mál og Menning
Laugavegi 18, Pósthólf 392
121 Reykjavik Tel. (1) 552.4240
Fax: (1) 562.3523

INDIA – INDE
Oxford Book and Stationery Co.
Scindia House
New Delhi 110001 Tel. (11) 331.5896/5308
Fax: (11) 332.2639
E-mail: oxford.publ@axcess.net.in

17 Park Street
Calcutta 700016 Tel. 240832

INDONESIA – INDONÉSIE
Pdii-Lipi
P.O. Box 4298
Jakarta 12042 Tel. (21) 573.34.67
Fax: (21) 573.34.67

IRELAND – IRLANDE
Government Supplies Agency
Publications Section
4/5 Harcourt Road
Dublin 2 Tel. 661.31.11
Fax: 475.27.60

ISRAEL – ISRAËL
Praedicta
5 Shatner Street
P.O. Box 34030
Jerusalem 91430 Tel. (2) 652.84.90/1/2
Fax: (2) 652.84.93

R.O.Y. International
P.O. Box 13056
Tel Aviv 61130 Tel. (3) 546 1423
Fax: (3) 546 1442
E-mail: royil@netvision.net.il

Palestinian Authority/Middle East:
INDEX Information Services
P.O.B. 19502
Jerusalem Tel. (2) 627.16.34
Fax: (2) 627.12.19

ITALY – ITALIE
Libreria Commissionaria Sansoni
Via Duca di Calabria, 1/1
50125 Firenze Tel. (055) 64.54.15
Fax: (055) 64.12.57
E-mail: licosa@ftbcc.it

Via Bartolini 29
20155 Milano Tel. (02) 36.50.83

Editrice e Libreria Herder
Piazza Montecitorio 120
00186 Roma Tel. 679.46.28
Fax: 678.47.51

Libreria Hoepli
Via Hoepli 5
20121 Milano Tel. (02) 86.54.46
Fax: (02) 805.28.86

Libreria Scientifica
Dott. Lucio de Biasio 'Aeiou'
Via Coronelli, 6
20146 Milano Tel. (02) 48.95.45.52
Fax: (02) 48.95.45.48

JAPAN – JAPON
OECD Tokyo Centre
Landic Akasaka Building
2-3-4 Akasaka, Minato-ku
Tokyo 107 Tel. (81.3) 3586.2016
Fax: (81.3) 3584.7929

KOREA – CORÉE
Kyobo Book Centre Co. Ltd.
P.O. Box 1658, Kwang Hwa Moon
Seoul Tel. 730.78.91
Fax: 735.00.30

MALAYSIA – MALAISIE
University of Malaya Bookshop
University of Malaya
P.O. Box 1127, Jalan Pantai Baru
59700 Kuala Lumpur
Malaysia Tel. 756.5000/756.5425
Fax: 756.3246

MEXICO – MEXIQUE
OECD Mexico Centre
Edificio INFOTEC
Av. San Fernando no. 37
Col. Toriello Guerra
Tlalpan C.P. 14050
Mexico D.F. Tel. (525) 528.10.38
Fax: (525) 606.13.07
E-mail: ocde@rtn.net.mx

NETHERLANDS – PAYS-BAS
SDU Uitgeverij Plantijnstraat
Externe Fondsen
Postbus 20014
2500 EA's-Gravenhage Tel. (070) 37.89.880
Voor bestellingen: Fax: (070) 34.75.778

Subscription Agency/Agence d'abonnements :
SWETS & ZEITLINGER BV
Heereweg 347B
P.O. Box 830
2160 SZ Lisse Tel. 252.435.111
Fax: 252.415.888

NEW ZEALAND – NOUVELLE-ZÉLANDE
GPLegislation Services
P.O. Box 12418
Thorndon, Wellington Tel. (04) 496.5655
Fax: (04) 496.5698

NORWAY – NORVÈGE
NIC INFO A/S
Ostensjoveien 18
P.O. Box 6512 Etterstad
0606 Oslo Tel. (22) 97.45.00
Fax: (22) 97.45.45

PAKISTAN
Mirza Book Agency
65 Shahrah Quaid-E-Azam
Lahore 54000 Tel. (42) 735.36.01
Fax: (42) 576.37.14

PHILIPPINE – PHILIPPINES
International Booksource Center Inc.
Rm 179/920 Cityland 10 Condo Tower 2
HV dela Costa Ext cor Valero St.
Makati Metro Manila Tel. (632) 817 9676
Fax: (632) 817 1741

POLAND – POLOGNE
Ars Polona
00-950 Warszawa
Krakowskie Prezdmiescie 7 Tel. (22) 264760
Fax: (22) 265334

PORTUGAL
Livraria Portugal
Rua do Carmo 70-74
Apart. 2681
1200 Lisboa Tel. (01) 347.49.82/5
Fax: (01) 347.02.64

SINGAPORE – SINGAPOUR
Ashgate Publishing
Asia Pacific Pte. Ltd
Golden Wheel Building, 04-03
41, Kallang Pudding Road
Singapore 349316 Tel. 741.5166
Fax: 742.9356

SPAIN – ESPAGNE
Mundi-Prensa Libros S.A.
Castelló 37, Apartado 1223
Madrid 28001 Tel. (91) 431.33.99
Fax: (91) 575.39.98
E-mail: mundiprensa@tsai.es
Internet: http://www.mundiprensa.es

Mundi-Prensa Barcelona
Consell de Cent No. 391
08009 – Barcelona Tel. (93) 488.34.92
Fax: (93) 487.76.59

Libreria de la Generalitat
Palau Moja
Rambla dels Estudis, 118
08002 – Barcelona
(Suscripciones) Tel. (93) 318.80.12
(Publicaciones) Tel. (93) 302.67.23
Fax: (93) 412.18.54

SRI LANKA
Centre for Policy Research
c/o Colombo Agencies Ltd.
No. 300-304, Galle Road
Colombo 3 Tel. (1) 574240, 573551-2
Fax: (1) 575394, 510711

SWEDEN – SUÈDE
CE Fritzes AB
S–106 47 Stockholm Tel. (08) 690.90.90
Fax: (08) 20.50.21

For electronic publications only/
Publications électroniques seulement
STATISTICS SWEDEN
Informationsservice
S-115 81 Stockholm Tel. 8 783 5066
Fax: 8 783 4045

Subscription Agency/Agence d'abonnements :
Wennergren-Williams Info AB
P.O. Box 1305
171 25 Solna Tel. (08) 705.97.50
Fax: (08) 27.00.71

Liber distribution
Internatinal organizations
Fagerstagatan 21
S-163 52 Spanga

SWITZERLAND – SUISSE
Maditec S.A. (Books and Periodicals/Livres et périodiques)
Chemin des Palettes 4
Case postale 266
1020 Renens VD 1 Tel. (021) 635.08.65
Fax: (021) 635.07.80

Librairie Payot S.A.
4, place Pépinet
CP 3212
1002 Lausanne Tel. (021) 320.25.11
Fax: (021) 320.25.14

Librairie Unilivres
6, rue de Candolle
1205 Genève Tel. (022) 320.26.23
Fax: (022) 329.73.18

Subscription Agency/Agence d'abonnements :
Dynapresse Marketing S.A.
38, avenue Vibert
1227 Carouge Tel. (022) 308.08.70
Fax: (022) 308.07.99

See also – Voir aussi :
OECD Bonn Centre
August-Bebel-Allee 6
D-53175 Bonn (Germany) Tel. (0228) 959.120
Fax: (0228) 959.12.17

THAILAND – THAÏLANDE
Suksit Siam Co. Ltd.
113, 115 Fuang Nakhon Rd.
Opp. Wat Rajbopith
Bangkok 10200 Tel. (662) 225.9531/2
Fax: (662) 222.5188

TRINIDAD & TOBAGO, CARIBBEAN TRINITÉ-ET-TOBAGO, CARAÏBES
Systematics Studies Limited
9 Watts Street
Curepe
Trinadad & Tobago, W.I. Tel. (1809) 645.3475
Fax: (1809) 662.5654
E-mail: tobe@trinidad.net

TUNISIA – TUNISIE
Grande Librairie Spécialisée
Fendri Ali
Avenue Haffouz Imm El-Intilaka
Bloc B 1 Sfax 3000 Tel. (216-4) 296 855
Fax: (216-4) 298.270

TURKEY – TURQUIE
Kültür Yayinlari Is-Türk Ltd.
Atatürk Bulvari No. 191/Kat 13
06684 Kavaklidere/Ankara
Tel. (312) 428.11.40 Ext. 2458
Fax : (312) 417.24.90

Dolmabahce Cad. No. 29
Besiktas/Istanbul Tel. (212) 260 7188

UNITED KINGDOM – ROYAUME-UNI
The Stationery Office Ltd.
Postal orders only:
P.O. Box 276, London SW8 5DT
Gen. enquiries Tel. (171) 873 0011
Fax: (171) 873 8463

The Stationery Office Ltd.
Postal orders only:
49 High Holborn, London WC1V 6HB

Branches at: Belfast, Birmingham, Bristol, Edinburgh, Manchester

UNITED STATES – ÉTATS-UNIS
OECD Washington Center
2001 L Street N.W., Suite 650
Washington, D.C. 20036-4922
Tel. (202) 785.6323
Fax: (202) 785.0350
Internet: washcont@oecd.org

Subscriptions to OECD periodicals may also be placed through main subscription agencies.

Les abonnements aux publications périodiques de l'OCDE peuvent être souscrits auprès des principales agences d'abonnement.

Orders and inquiries from countries where Distributors have not yet been appointed should be sent to: OECD Publications, 2, rue André-Pascal, 75775 Paris Cedex 16, France.

Les commandes provenant de pays où l'OCDE n'a pas encore désigné de distributeur peuvent être adressées aux Éditions de l'OCDE, 2, rue André-Pascal, 75775 Paris Cedex 16, France.

12-1996

OECD PUBLICATIONS, 2, rue André-Pascal, 75775 PARIS CEDEX 16
PRINTED IN FRANCE
(96 97 01 3) ISBN 92-64-05259-3 – No. 49279 1997